워터게이트 사건의 딥스로트 이야기
시크릿 맨

Cover Photo: President Richard Nixon speaks with a member of the White House grounds crew on June 10, 1971 in Washington D.C. (Photo by National Archive/Newsmakers) Courtesy of Getty Images

THE SECRET MAN: The Story of Watergate's Deep Throat by Bob Woodward with a Reporter&Assessment by Carl Bernstein

Copyright ⓒ 2005 by Bob Woodward

"A Reporter's Assessment" copyright ⓒ 2005 by Carl Bernstein

All rights reserved.

This Korean edition was published by Marco Polo in 2023 by arrangement with the original publisher, Simon & Schuster, Inc. through KCC(Korea Copyright Center Inc.), Seoul.

이 책은 (주)한국저작권센터(KCC)를 통한 저작권자와의 독점계약으로 마르코폴로에서 출간되었습니다. 저작권법에 의해 한국 내에서 보호를 받는 저작물이므로 무단전재와 복제를 금합니다.

The Secret Man: The Story of Watergate's Deep Throat

워터게이트 사건의 딥스로트 이야기
시크릿 맨

밥 우드워드 지음 | 채효정 옮김

마르코폴로

Contents

1 .... 6 p.
2 .... 22 p.
3 .... 34 p.
4 .... 48 p.
5 .... 62 p.
6 .... 80 p.
7 .... 98 p.
8 .... 116 p.
9 .... 132 p.
10 .... 150 p.

The Secret Man

11 ———————— 170 p.

12 ———————— 182 p.

13 ———————— 200 p.

14 ———————— 216 p.

15 ———————— 230 p.

16 ———————— 246 p.

동료 기자의 평가 ———— 254 p.

작가의 말 ———————— 268 p.

감사의 말 ———————— 270 p.

CHAPTER

1

The Secret Man

1992년 2월 워터게이트 사건의 20번째 기념일이 다가오자 나는 워싱턴의 에드거 후버 FBI 본부 건물에 갔다. 웅장한 시멘트 구조물에 커다란 짙은 창문이 달린 빌딩은 적절하게도 백악관과 국회의 중간쯤에 자리하고 있다. FBI 초대 국장이며 1924년에서 1972년까지 FBI의 화신이었던 후버가 마치 지금도 대통령들과 의회를 맞대면시키며 워싱턴 D.C.에 있는 것 같다. 나는 삼엄한 보안을 통과하여 문서실에 다다랐다. 공개된 FBI 워터게이트 수사 파일을 검토하기 위해 온 것이었다. 개인용 칸막이 열람실은 세련된 법률사무소 같은 분위기에 채광도 좋고 죄다 고급 나무 장식판자로 처리돼 표준 관급품보다 훨씬 고급스럽다. 열람실은 조용하다. 파란 줄이 쳐진 메모지를 제공받았다.

워터게이트 파일에는 수백 건에 달하는 FBI 메모, 행동 요청, 조사 개요, 인터뷰가 들어있었다. 워터게이트 빌딩의 민주당 본부에서 체포된 다섯 절도범에 대한 최초 개요가 있었는데, 절도범의 이름과 배경, CIA와의 연관성, 전직 CIA 정보원이자 백악관 고문이었던 하워드 헌트 주니어 및 전직 FBI 요원 G. 고든 리디와 접촉한 내용이 들어있었다. 당국 고위급 관료들 이니셜과 날짜와 정보가 담긴 노트 그리고 회람과 문의가 파일 안에 가득했다.

돌이켜 보면 워터게이트 은폐의 윤곽은 뚜렷했다. 침입이 발생한 날인 1972년 6월 17일로부터 6일 뒤 날짜로 된 개요서에는 백악관 고문 존 W. 딘 3세가 'FBI에서 백악관에 수사를 요청할 땐 무조건 자신을 통해 허가받게 했다고 진술했다.'고 나왔다. 나중에 그는 리처드 닉슨 대통령을 대신해 불법 공무집행 방해를 자행했음을 자백했다.

1972년 10월 10일 자 메모에는 그날 칼 번스타인과 내가 쓴 워싱턴포스트 기사가 언급돼 있었다. 워터게이트 침입이 백악관과 닉슨 대통령 재선위원회가 자행한 '거대 정치 공작과 방해 공작에서 비롯한 일'이라는 사실을 보도한 기사였다. 그 두 쪽짜리 메모에는 민주당 대선 후보를 상대로 방해 공작을 지휘한 도널드 H. 세그레티를 고용한 사람이 대통령 보좌관(드와이트 L. 채핀)이었고, 그에게 돈을 준 사람이 대통령의 개인 변호사(허버트 W. 캄바치)였다는 사실을 FBI가 알아냈다고 적혀 있었다. 워터게이트 도청과는 직접적인 관련이 없어 FBI에서는 그 문제를 조사하지 않았다고 기록되었다.

빙그레 웃음이 나왔다. 애초에 워터게이트 은폐가 가능했던 데는 두 가지 이유가 있었다. 수사가 더 진행되는 걸 존 W. 딘 3세가 효과적으로 막았고 FBI 쪽도 전력을 다하지 않았다는 것이다. 이 FBI 메모를 자세히 들여다보자니 길게 이어지는 이름과 사건들로부터 그 당시 감정이 새록새록 기분 좋게 떠올랐다. 그 파일들은 내 인생의 가장 강렬했던 4년에 대한 감정을 불러일으켰는데, 당시 우리는 워터케이트에 관한 보도를 하고 두 권의 책을 썼다. 탐사보도 과정을 다룬 〈워터게이트: 모두가 대통령의 사람들〉과 닉슨 정부의 붕괴를 연대기로 담은 〈더 파이널 데이즈〉였는데 앞의 책은 1974년에, 뒤의 책은 1976년에 출판되었다.

방문 당시 나는 48세였으나 그곳에 기억이나 더듬어보고자 간 것은 아니었다. 워터게이트의 숨겨진 의미를 찾아 나선 것도 아니었다. 물론 워터게이트의 경이로움은 끝이 없었지만 말이다. 그게 아니라 실은 딥스로트(Deep Throat)를 추적하고자 간 것이었다. 유명하고 비밀스러운 취재원, 지하 주차장에서 심야에 접선하면서 우리의 워터게이트 보도 방향을 잡아 준 사람. 이 취재원에게 포스트의 상무이사 하워드 사이먼스가 포르노 영화 제목을 떠올리며 '딥스로트'라는 별명을 붙였다. 그와의 인터뷰가 사실상 '딥 백그라운드' 방식으로 이뤄졌기 때문이었다. 딥 백그라운드란 언론 용어로 정보를 이용할 수는 있으나 그 어떤 유형의 출처도 신문에서 밝히지 못한다는 뜻이다.

오직 여섯 명만이 딥스로트의 신원을 알았는데, 나와 칼, 내 아내 엘사 월시, 포스트 전임 편집장 벤자민 C. 브래들리, 나중에는 그의 후임 레너드 다우니 주니어, 이 비밀을 1976년에 밝혀낸 법무부 변호사였다. 이 이야기는 뒤에 다시 다루겠다.

온갖 추측과 짐작, 기사와 책에도 불구하고 아무도 딥스로트의 신원을 정확히 밝히지 못했다. 수십 년 동안 떠돌아다니는 이름이 많아질수록 그 자취는 더 흐려지기만 했다. 체계적이고 세심한 분석도, 닉슨 워터게이트 변호사 존 딘과 레너드 가먼트가 쓴 책마저도 딥스로트를 조명하는 데 실패했는데, 영화 〈모두가 대통령의 사람들〉에서 배우 할 홀브룩이 연기한 지하 차고 속 남자 같은 모습을 딥스로트가 일부러 피했기 때문이다. 수수께끼에 가까우며 난해하고 섬뜩할 정도로 기이한 취재원, 저널리즘 역사의 가장 은밀한 관계 속 딥스로트의 모습을 홀브룩은 잘 포착했다. 당시에 진짜 딥스로트는 너무나 지친 상태였다. 우리를 돕는 게 과연 옳은 일인지 확신하지 못해서 제보하는 것을 종종 꺼리기도 했다. 많은 비밀 취재원이 그렇듯 그도 자신의 행동과 말이 불러올 결과에서 자유롭기를 원했다. 어떤 대가를 치르더라도 보호받고자 했고 자신의 정체를 숨겼다. 그는 내가 아는 한 동료와 친구와 가족까지 속였다. 그는 감쪽같이 숨어 여전히 모습을 드러내지 않고 있었다.

1992년 그날 내가 후버 빌딩에 간 것은 딥스로트가 FBI의 핵심에서 일했기 때문이다. 그 지위 덕분에 딥스로트는 1972년의 워터게이트 사건에서 파장된 수천 건의 심문 기록과 문서에 접근할 수 있었다. 게다가 그는 닉슨 정부의 태도와 은폐 전략에 대해 많은 것을 알아내기 좋은 위치에 있었다. 닉슨과 워싱턴과 정치에 관한 단서와 심지어 소문까지 그의 책상에 올라왔다. FBI 파일에 있는 미가공 데이터를 손에 넣을 수도 있었다. 그는 우리에게 온갖 실마리를 제공할 수 있었고 결국에는 워터게이트 음모의 개략도를 주었고 아니면 적어도 그 방향을 일러주었다.

〈모두가 대통령의 사람들〉에서 칼과 나는 딥스로트가 행정부 고위 관료이며 '극히 민감한' 지위에 있다고 했다. 이 말을 닉슨 행정부 내의 누군가를 뜻하는 것으로 잘못 이해하는 사람이 많았다. 무단침입 사건의 배후에 누가 있었는지 확인하고자 칼과 나는 대통령 재선위원회에서 일한 사람의 목록을 처음부터 끝까지 훑으며 전화를 걸거나 워싱턴 D.C.나 교외의 집으로 찾아가 몇 달 동안 그들을 추적했다. 칼은 어찌나 체계적이었던지 사람들이 겁먹을 정도였다.

칼이 인터뷰한 사람 중에 재선위원회에서 회계 장부를 담당한 직원도 있었는데 이름이 주디 호백인 것으로 밝혀졌다. 집으로 찾아가 인터뷰하다가 대통령 재선위원회 수장이었던 존 N. 미첼의 측근인 리디와 다른 보좌관들이 더러운 작전을 행한 대가로 수십만 달러를 받은 정황을 상세히 들었다. 나는 FBI 파일을 검토하다가 FBI가 호백을 심문한 기록인 '302' 양식을 찾았다. 그녀는 FBI에서도 우리에게 말한 그대로 진술했다. 우리가 그 내용을 워싱턴포스트에 썼으니 FBI에 있던 요원들은 우리가 미가공 FBI 보고서를 입수하고 있다는 잘못된 결론을 내렸던 거다.

딥스로트는 302 보고서의 정확한 디테일을 제공하지 않았다. 그는 재선위원회와 백악관이 자행한 불법 행위를 확인해주었고 우리의 보도 방향도 뒷받침해주었다. 요컨대 워터게이트 침입은 단일 사건이 아니라 닉슨이 적으로 삼은 베트남 전쟁 반대파 지도자들, 뉴스 미디어 구성원들, 민주당, 행정부 내의 반대자들, 워터게이트를 조사하는 중이던 사법부와 FBI까지 겨냥해 자행된 불법 활동의 포괄적 패턴의 일부분이라는 것이었다.

그날 파일에 있던 FBI의 메모 상당 부분이 FBI의 워터게이트 수사 과정을 기록하고 있었는데, 이런 기록들은 FBI

나 사법부의 레터헤드가 있는 종이에 쓰이지도 않았다. 대신 선택 양식 10호라는 단조롭기 짝이 없는 평범한 종이에 쓰여 있었고 상단에 '미국 정부, 메모랜덤'이라고 인쇄돼 있었다. 그런 메모 중 1973년 2월 21일 자 하나가 내 눈길을 끌었다. "오늘 자 워싱턴포스트의 1면에 밥 우드워드와 칼 번스타인이 쓴 '헌트, 디타 비어드 로비와 관련 있다.' 라는 캡션이 붙은 기사가 실렸다."

이때는 우리가 워터게이트를 보도하던 시기 중 가장 암울한 때였는데, 침입 사건이 발생하고 8개월, 닉슨이 재취임하고 한 달이 지난 때였다. 대선에서 닉슨이 압도적인 승리를 거뒀다. 칼과 나는 백악관 불법 자금 조달과 워터게이트 관련 기사를 열 건도 넘게 썼으나 언론에 있는 기자 중 다수가—심지어 워싱턴포스트 뉴스룸의 동료 저널리스트들조차—우리 보도를 믿지 않았다.

우리는 워터게이트 침입과 불법 도청 작전을 이끈 하워드 헌트가 전직 FBI 요원인 고든 리디와 함께 백악관을 위해 다른 임무도 수행했다는 걸 보여주고자 고군분투했다. 1973년 2월 21일에 우리가 보도한 내용은 그 전년도에 국제전화전신사(ITT)의 워싱턴 로비스트 디타 비어드의 면담을 위해 헌트가 파견되었다는 것이었다.

비어드는 닉슨 대통령의 워터게이트 이전 최대 스캔들의 중심에 있었다. 비어드는 ITT가 공화당 전당대회에 4십만 달러를 기부하겠다고 약속한 일과 닉슨 대통령 사법부와 ITT가 수혜적인 독과점 금지 협상을 체결한 일이 서로 연관되어 있다는 메모를 작성했다. 워터게이트 사건 발생 4개월 전에 칼럼니스트 잭 앤더슨이 발행한 비어드 메모는 닉슨 정부 전반에 충격을 주었다. 그 유명한 메모가 위조였음을 보여주기 위해 그리고 어쩌면 심지어 비어드가 그 메모를 공개적으로 부인하게 만들려고 하워드 헌트가 파견됐다고 칼과 나는 1973년 2월에 보도했다. 전직 CIA 공작원인 헌트는 디타 비어드를 면담하는 동안 정체를 숨기기 위해 잘 맞지 않는 빨간 가발을 썼다.

그 FBI 메모에는 내 관심을 끄는 주장이 있었다. '아시다시피 우드워드와 번스타인은 워터게이트 관련 기사를 수도 없이 썼습니다. 그들의 보도에는 허구가 많고 진실은 보도 내용의 절반도 안 됐지만…, (우리 워터게이트 보도에 대한 백악관의 단골 거짓말이다) 그들은 연방 조사관, 법무부, FBI 취재원에게서 나왔다는 정보를 빈번히 내놓았습니다. 정보를 조금이라도 얻어내려고 그들이 워싱턴 현장 사무소 사건 담당 요원들에게 장난을 친 것으로 압니다.'

해당 메모는 이렇게 덧붙였다. '모든 사항을 고려할 때 그리고 그런 허구에도 불구하고 그들은 FBI나 사법부의 취재원에게 접근하고 있는 게 분명합니다.' 이어서 대행 FBI 국장 L. 패트릭 그레이 3세가 최신 기사에 대한 조사를 즉시 수행할 것을 명령했다고 되어 있었다. '누출된 정보 중 FBI 취재원에게 나왔을 법한 부분을 확인하고 FBI 취재원에게서 정보가 새 나갔을 경우 그 특정 정보에 접근했을 가능성이 있는 사람을 알아낼' 여섯 가지 구체적인 사항이 열거돼 있었다. 마지막 문장은 단순히 이렇게 돼 있었다. '신속히 처리하라.' 서명은 알파벳 한 글자로 된 것으로 FBI 서열 내의 고유하고 친숙한 서명이었다. 그 서명은 이런 모습이었다.

그 'F'는 FBI 대행 부국장이자 당시 FBI 서열 2위였던 W. 마크 펠트의 이니셜이었다. 메모를 다 읽고 나니 머리가 핑 돌았다. W. 마크 펠트가 딥스로트였다. 무슨 일이 있었던 건가? 궁금했다. 이럴 수는 없었다. 정보누출 수사에 이를 일을 펠트가 왜 개시하는가? 그런 수사는 대부분 소득이 없기 마련이지만 그래도 굳이 왜 도화선에 불을 붙이나? 명령에 따랐을 뿐인가? 분명 그런 분석을 수행할 것을 그레이가 '지시'하긴 했다. 하지만 그 순간 그 특정 보도에 대해서는 딥스로트와는 전혀 이야기하지 않았다는 생각이 났다. 그 정보는 FBI 외부의 다른 취재원에게서 나온 것이었다. 펠트가 그렇게 똑똑했던 것인가? 그 정도로 똑똑한 게 가능한가? 나는 계속 파일을 읽어 내려갔다. 1973년의 FBI에서 신속히 처리하라고 했다면 그 의미는 말 그대로였다. '신속히 처리하라!'

4쪽짜리 메모가 국장 대리 그레이가 바로 그날 볼 수 있도록 준비됐다. 그레이는 그 메모에 깔끔하게 이니셜을 쓰고 날짜와 시각(5:07P.M.)을 표기했다. 그러나 그레이에게 가기 전에 그 메모는 펠트에게 갔었고 이렇게 돼 있는 마지막 단락에 펠트는 동그라미를 쳐놓았다.

"이 기사의 취재원일 가능성이 있는 자와 관련하여 그날 특수 요원 라노가 검사 보좌관 캠벨(당시 워터게이트 사건을 수사하던 세 명의 검사 중 하나)*에게서 다음 정보를 받았습니다. 캠벨에 따르면 어제*(73/2/20) *늦은 시각 우드워드 기자가 백악관에 있는*

취재원에게 들은 정보가 있다면서 기사의 핵심을 말하며 캠벨의 반응을 '떠보았다'는 것입니다. 특수 요원 라노에게 캠벨 자신은 우드워드의 보도와 관련하여 그런 언급을 절대 하지 않았다고 말했습니다."

동그라미 친 단락 아래 펠트는 대문자로 깔끔하게 이렇게 썼다.

'첨부된 메모의 최종 페이지. 여기에 전체 답이 있음.'
서명:

펠트의 이니셜 아래에는 그레이의 지시가 있었는데, 사실상 정보누설을 캠벨 혹은 백악관 측에 떠넘기는 것이었다. 나는 감명받았다. 우리 편은 능수능란했다. 그 메모는 펠트를 위한 효과적인 보호막이 된 최고급 방첩 기술이었다. 펠트는 정보 누설에 관해 의문을 최초로 제기한 것도 모자라 정보누설자를 밝혀낸 것처럼 보이기까지 했다.

1973년 2월에 워터게이트는 묻혀버릴 것처럼 보였다. 재선된 닉슨은 베트남에 평화가 올 날이 머지않았다고 주장했다. 16일 동안 이어진 워터게이트 재판에서는 무단침입자들과 헌트와 리디에 대한 유죄 인정 답변이나 유죄 선고가 나오긴 했다. 그러나 더 높은 고위급들이 관련되어 있다는 증거는 없었다. 닉슨 재선 캠프의 보안 책임자이자 침입자들의 리더였던 제임스 W. 매코드 2세가 위증과 함구 조건으로 돈을 받은 사실을 털어놓는 편지를—워터게이트 침입 사건 재판을 주재한—존 시리카 판사에게 아직 쓰지 않았을 때다.

나는 그 FBI 메모를 읽으면서 이게 대체 무슨 일인가 싶었다. 딥스로트가 눈부신 기지를 발휘해 신중히 쳐놓은 보호 장벽인가? 우리를 능숙하게 이끌던 당사자가 워터게이트를 파헤치기가 불가능해 보여서 가라앉는 배를 탈출할 작정이었을지도. 분명 펠트는 야심이 있었고 FBI 국장직에 임명되길 원했다. 하지만 1973년 2월에 후버의 사망으로 공석이 된 그 자리는 그레이에게 돌아갔고 이때가 워터게이트 사건 발생하기 한 달 전이었다. 이제 상원 법사위에서 인사청문회를 열어야 했으니 의심의 여지없이 그 와중에 FBI의 워터게이트 수사를 캐물을 터였다.

1973년 2월이던 이때 딥스로트와 나는 평소와는 다른 미팅을 했다. 그의 제안으로 프린스 조지 카운티에 있는 어느 바에서 만났다. 그날 밤의 메시지는 대통령이 뉴스 유출로 광분하여 정보누설자를 색출하고 언론 보도 봉쇄조치를 강화할 계획이라는 것이었다. 하지만 그날 저녁 펠트는 아주 여유로웠는데 그건 닉슨 정부가 궁지에 몰렸다는 뜻이었다. "나올 일을 숨기고 있고 심지어 정보 유출을 막겠다고 자기들이 선포한 전쟁의 신빙성마저 떨어뜨리고 있네. 진실이 나오지 못하게 막을 수는 없어. 그래서 저렇게들 절박한 거야." 그는 평소와 달리 자신감 있게 말했다. 팻 그레이가 FBI의 상임 국장으로 임명해 달라며 백악관에 요청했다고 펠트는 말했다. 그레이와 전직 백악관 고문인 존 딘은 추후 이를 강력히 부인했다.

다음 달 내내 열린 상원 법사위 인사청문회에서 그레이는 FBI 파일을 공개했는데 이 파일들은 백악관이 부인했던 워터게이트 보도를 입증하는 것이었다. 가장 중요한 것은 그 FBI 파일이 닉슨의 상대방 흠집내기식 선거운동을 수행한 도널드 세그레티에게 닉슨의 개인 변호사(허버트 캄바치)가 돈을 줬다는 기사를 뒷받침해줬다는 것이다. 해당 파일은 또한 세그레티를 닉슨의 보좌관 드와이트 채핀이 고용했다는 사실도 보여주었다.

공개적으로 정당성이 입증되자 우리가 워싱턴포스트에서

10개월 동안 느끼던 좌절감은 완화되었다. 이제 워싱턴포스트에서 우리 기사는 특급 살인 기사처럼 다뤄졌다.

**'FBI 국장에 의하면/ 닉슨의 보좌관들이/
세그레티에게 돈을 주었다'**

라는 세 줄짜리 표제와 함께 일면을 장식한 그 기사에는 채핀, 캄바치, 세그레티의 사진도 대문짝만하게 실렸다. 곧 그레이는 워터게이트 침입 사건 직후 존 딘이 하워드 헌트의 사무실이 백악관에 있는지 몰랐다고 FBI에서 말한 것은 '아마' 거짓말이었을 거라고 진술했다.

워터게이트는 터지기 일보 직전이었다. 그 후 18개월 동안 매일같이 사건이 생생하게 파헤쳐졌다. 상원 워터게이트 청문회가 전국 네트워크 텔레비전에 생방송 되었고, 전직 닉슨 백악관 보좌관 알렉산더 P. 버터필드가 닉슨 백악관 테이프를 위원회에 공개했으며, 워터게이트 특별 검사 아치볼드 콕스가 해임되고 새로 레온 자보스키가 임명되어 범죄 수사가 계속됐고, 하원 법사 위원회의 탄핵 수사가 있었으며, 대법원이 만장일치로 닉슨에게 테이프를 넘길 것을 명령했고, 1974년 8월 9일 끝내 닉슨이 사임했다.

폭로가 줄을 잇고 회고록이 나왔으며 계절이 바뀔 때마다 닉슨 테이프의 새 부분이 배포되는 등 워터게이트 관련 소동은 닉슨이 사망한 1994년까지 그리고 그 후로도 조금도 수그러들지 않고 계속됐다. 하지만 딥스로트는 내부고발자에 대한 은유가 되어 해가 갈수록 그 미스터리가 커져만 갔다. 그는 누구였는가? 왜 그는 비밀을 말했는가? 그 비밀이 그리 오랜 세월 지켜진 이유는 무엇인가? 왜 나는 아직도 그를 쫒고 있을까? 내가 모르는 부분은 무엇이었나?

CHAPTER

2

The Secret Man

1969년 여름에 나는 전 세계 전신 소통을 감시하는 당직 사관으로 국방부에 배정돼 해군 참모 총장 토마스 H. 무어 제독을 위해 일하고 있었다. 당시 내게는 스피캣* 이라 불리던 이례적으로 민감한 특별 메시지에 대한 일급비밀 정보 취급 허가 및 접근권이 있었다. 애석하게도 첩보 문제에 대한 특별 접근권은 없었다. 내가 한 일은 반복적이고 지루했다. 국방부에서 해군 참모 총장, 해군 장관, 해군 직원이 수반되는 소통 내용과 해군 장성들 간의 사적인 대화를 8시간 교대로 감시하는 일이 기본이었다. 나는 그 일이 싫었다.

당시 내 임무에는 백악관에 가서 국가 안전보장 담당 보좌관(헨리 키신저)의 바로 아래 직급인 알렉산더 M. 헤이그 2세에게 보고하는 일도 있었다는 주장이 몇몇 책에도 있었다. 따라서 처음에는 존 딘을 비롯한 많은 사람이 헤이그가 딥스로트일 거라고 잘못 짐작했다. 헤이그와 나는 그로부터 몇 년 지나고 나서야 만나거나 대화했지 당시에는 그런 적이 한 번도 없었다고 확신한다.

나는 메시지나 밀봉된 문서 꾸러미를 백악관에 가져다주는 역할을 했다. 어느 저녁 그런 꾸러미를 든 채로 백악관에 파견되었는데, 그곳 상황실 근처는 국가 안전 보장 회의

---

* SPECAT, '특별 범주'를 뜻하는 스페셜 카테고리의 약자 – 옮긴이

직원이 쓰는 사무실들이 있었다. 그 복도 끝에 자판기가 여러 대 있던 게 어렴풋이 생각난다. 저녁 식사 시간이 다 됐었나 지났었나 했다. 담당자가 자료를 받고 사인해주기까지 한 시간 이상 대기해야 할 수도 있었다. 나는 당시 백악관에 매료돼 있었다. 국방부보다 확실히 멋졌다. 이 기회를 놓치지 않고 백악관을 최대한 돌아다녔다. 기다리게 된 것이 기뻤다.

백악관의 신비는 강렬하다. 그곳에 내가 있다는 것 자체만으로도 뿌듯하다. 그날 저녁에 백악관에 문서를 가져가겠다고 내가 자원했던 것 같다. 1969년 하반기 아니면 1970년 상반기였을 것이다. 해군의 청색 군복을 입고 있었을 텐데 두 줄로 된 금장에 소매마다 별이 달린 겨울용 군복이었다. 그때 나는 26세 아니면 막 27세가 됐었다. 머리는 해군에서 하라는 대로 바싹 자른 채였다. 백악관은 그때나 지금이나 군복을 입고 돌아다니거나 기다리는 사람이 종종 잔뜩 있다.

키신저의 보좌관 로저 모리스의 증언은 이 기간에 웨스트윙 국가 안전보장 회의 사무소 밖에 앉아 있는 내 모습을 봤다는 게 전부였다. 내가 거기 있었다는 건 맞는 말이지만 헤이그에게 보고한 일은 절대 없었다.

그날 저녁에 얼마를 기다렸을까. 어느 키 크고 은발을 빗어넘긴 남자가 들어와 대기석에 앉았다. 양복은 짙은 색이었고 셔츠는 흰색에 넥타이는 은은했다. 나이는 나보다 25에서 30세는 많을 것 같았다. 그도 서류철인가 가방인가를 들고 있었다. 위엄과 함께 여유로운 분위기마저 풍겼다. 그가 상황을 신중히 관찰하고 있다는 것을 알 수 있었다. 그가 주변을 이리저리 보는 모습에서 경계하고 있다는 게 확실했다. 신사다운 태도로 주변을 감시하는 것이었다.

몇 분 지나 내 소개를 했다. "밥 우드워드 중위입니다." 경의를 표하는 말인 '선생님'도 조심스레 덧붙였다. "마크 펠트입니다." 그가 말했다. 멋있고 당당하면서 권위가 깃든 목소리였다. 그는 자신에 대한 말은 하지 않았다. 이런 상황에서 대기하는 데 익숙한 듯했다. 그는 뭔가 중요한 것을 인도하러 왔거나 약속을 기다리고 있었다. 구두는 윤을 잘 냈으나 군인 구두만큼 반짝이진 않았고 머리는 어느 부대 규정에 비하더라도 약간 길었다.

내 이야기를 하면서 그의 이야기를 캐물을 작정이었다. 그에게 나는 올해 해군 복무를 마칠 예정이며 무어 제독 사무실에 문서를 가져왔다고 했다. 펠트는 굳이 말하려 들지 않았다. 이 시기는 미래에 대한 큰 불안과 좌절감마저 느끼던 때였다. 대학을 졸업하고 해군에서 이미 4년을 복무했는데 베트남 전쟁 발발 때문에 억지로 군 복무가 1년 연장된 상태였다. 1965년에 예일 대학교를 졸업한 나는 해군 학군 사관 장학금을 받았기 때문에 학위를 받은 뒤에는 해군에 가야 했다.

그해 워싱턴에 있는 동안에 흥미로운 일을 찾으려는 엄청난 에너지가 내부에서 솟구쳤다. 불안감을 가라앉히기 위해 나는 대학원 과정을 밟고 있었다. 하나는 셰익스피어였고 다른 하나는 국제관계였다. 조지 워싱턴 대학교에서 이 대학원 과정을 밟고 있다고 펠트에게 말했다. 그는 즉각 생기가 돌더니 자신도 FBI에 들어오기 전에 조지 워싱턴 대학에서 야간 법대를 다녔노라고 했다. 이때 그는 처음으로 FBI를 언급했다. 야간 법대를 다니면서도 고향인 아이다호 주 상원의원을 위해 일했다고 했다. 나는 같은 고향 주 출신의 공화당 하원의원 존 얼런본 사무실에서 자원봉사했던 적이 있다고 했다. 우리에겐 두 개의 연결 고리—조지 워싱턴 대학교 대학원을 다녔다는 것과 자기 고향 주 출신 국회의원과 일한 것—가 있었다. 펠트와 나는 장거리 비행 중 꼼짝없이 나란히 앉아 시간을 때울 수밖에 없는 승객들 같았다. 그는 긴 대화를 할 생각이 전혀 없어 보였지만 나는 완전히 몰입해 있었다. 그가 FBI 부국장이며 조사부를 책임지고 있다는 정보를 결국 끄집어냈다. FBI 현장 사무소들을 돌며 절차를 준수하고 후버의 명령을 따르고 있는지 확인하는 요원들의 팀을 이끈다는 뜻이었다. 나중에야 이 팀이 '폭력단'으로 불린다는 것을 알게 됐다.

너무 흥분한 나머지 나는 거의 침까지 줄줄 흘리고 있었을 지경이었다. 해군에서 맡은 일을 하면서 언뜻 보기만 했던 비밀의 중심에 있는 사람이 이 자리에 있다니. 내 질문 세례가 그리 많은 정보를 끌어내지 못한 것으로 기억한다.

사람이든 책이든 아이디어든 나는 종종 너무 세게, 심지어 맹렬하게 움켜잡았다. 마크 펠트와도 그랬다. FBI의 높은 지위에 있는 인물임이 분명하지만, 지금은 내게 사로잡힌 관객이었다. 나는 질문을 쏟아부었다. 대기 시간은 길었지만 캐묻다 보니 짧게 느껴졌다. 캐물어도 소득이 없자 내 야심을 말했다. 대학에서 장편 소설을 하나 썼는데 전도 유망하지도 출판할 만하지도 않았으나 그래도 희망은 있었다. 어쩌면 소설가가 되거나 대학교수가 될지도 모르겠다고 말했다. 우리 아버지처럼 변호사가 될 수도 있었다. 아버지는 노스웨스턴 법대를 1930년대에 졸업했다. 펠트와 아버지는 동갑이었고 두 분 모두 1913년생이다.

이 우연하면서도 중대한 만남을 돌이켜보면 내가 쏟아내던 말은 사춘기 소년이나 할 소리에 가까웠다. 하지만 펠트에게는 선택의 여지가 없었다. 그 시간을 나는 진로 상담 시간으로 만들어버렸다. 그는 자신에 대해 별로 말하지 않았으므로 나는 진부한 코미디를 패러디하고 말았다. "너무 제 얘기만 했네요, 저 어떻게 생각하세요? 제가 뭘 해야 하죠?" 스탠포드에 간 내 또래 딸이 있다고 그가 말한 것으로 기억한다.

이 첫 만남이 이뤄진 정확한 날짜를 가늠해 보려 했으나 확실하지 않다. 펠트는 닉슨 정부가 17명의 언론인과 백악관 보좌관의 전화를 도청한 사건으로 누굴 만나러 간 것이었을지도 모른다. 전화 도청은 국가 보안 정보를 기자에게 유출하는 관료를 추적하고자 고안된 것이었다. 훗날 워터게이트 수사 기록에 1969년 5월 13일부터 1970년 5월 11일까지 FBI가 키신저에게 도청 결과를 보고하는 서신 37건을 보냈다는 게 드러났다. 어쩌면 펠트는 배송인이 직접 전달해야 하는 극비 문서를 주려고 온 것인지도 몰랐다. 나중에 펠트는 당시 키신저가 도청에 대해 알았다는 것을 부인했다.

몇 년이 지나고 이 17개의 도청 장치는 워터게이트 사건에 대해 밝혀진 사실 가운데도 가장 큰 논란을 불러일으킨다. 닉슨 백악관 연설문 작성자이자 훗날 뉴욕타임스 칼럼니스트가 되는 윌리엄 사파이어와 키신저의 최고 보좌관 앤서니 레이크도 도청당한 사람 명단에 포함돼 있었다. 키신저와 충돌하던 국방장관(멜빈 레어드)의 보좌관 역시 도청당했다. 사실 더 많은 일이 은밀히 벌어지고 있었다. 나는 계속 그와 대화를 시도했는데 내 불안한 미래에 대한 넋두리가 대부분이었다. 공손하긴 했으나 분명 절박해 보였을 것이다. 그는 마치 아버지처럼 대해주었다. 그래도 선명히 남아 있는 인상은 거리감을 두는 사무적인 태도였는데 이런 것들은 후버가 이끌던 FBI의 산물이었다. 내가 전화번호를 물었더니 FBI 사무실 직통 번호를 알려주었다. 백악관에서 그와 다시 마주친 일은 한 번뿐이었다. 하지만 나는 그를 나와 엮어 버렸다. 그는 미래에 대해 깊이 있는 조언을 구할 사람이었다. 기쁘기 그지없는 해군 제대일이 다가오던 1970년 8월에도 내 미래라는 이 주제는 여전히 혼란스럽고 불확실했다.

   그에게 전화를 걸었는데, 처음에는 FBI로 그다음에는 버지니아 자택으로 걸었다. 나는 절박했기에 속마음까지 털어놓고 말았다. 그때 당시 로스쿨 몇 군데에 지원하고서

1970년도 가을 학기 입학 허가를 기다리고 있었다. 이제 27세인데 제대로 된 일은 시작도 못 해보고 3년을 로스쿨에서 보낼 것인가, 그걸 참을 수 있을 것인가 그것이 의문이었다.

내게 연민을 느낀 펠트는 자신이 법학 학위를 받고 얻은 첫 직장이 연방통상위원회였다고 했다. 업무는 화장지에 적십자 브랜드명이 있으면 미국 적십자사의 승인을 받은 것처럼 보이는데 이 경우 불공정한 경쟁이 되는지를 연방통상위원회를 위해 판별해 주는 것이었다. 그러나 사람들이 화장지 사용에 대한 질문에 답변하기를 거부하는 바람에 난관에 부딪혔다. 사실 그는 전형적인 관료주의에 빠져 있었던 연방통상위원회를 싫어했으며, 자고로 행동해야 하는 법이라고 내게 힘주어 말했다. 1년 안에 그는 FBI에 지원해서 합격했다. 훈련은 힘들었고 거의 24시간 동안 계속됐다. 그래도 요원이자 감독관으로서 그가 맡은 임무는 중대 문제, 미해결 사건, 범죄나 미스터리에 중점을 둔 일이었다. 그는 로스쿨을 나온 덕분에 거의 모든 문이 열리긴 했으나 가슴이 원하는 일을 찾으라고 아주 다양한 표현을 써가며 말했다. 연방통상위원회 화장지나 조사하는 일에 발목 잡히지 말라고 충고했다.

그 말은 내가 떨어질지 몰랐던 깊은 나락을 거의 완벽히 비유한 은유였고, 지금 돌아보면 계시와도 같았다. 그 조언에 감사했다. 수십 년 지난 지금도 나는 그 조언을 일종의 '로즈버드'[†]로 여긴다. 여기서 로즈버드는 선택의 자유가 나에게 있다는 자각이었다. 해군은 그 정반대였기에 또다시 내 인생을 남의 계획대로 살지 않으려면 신중해야 했다. 아버지는 일리노이 소재 로펌의 이사였는데 내가 로스쿨에 진학해 나중에 그 로펌에 들어가길 원했다. 학교와 해군은 정해진 대로 따랐다. 하지만 선택권은 내게 있는 거였다. 나는 직종을 최대한 넓게 잡아 지원하고 면접을 봤다. 심지어 중앙 정보국까지도 생각했는데 결국 지원하지는 않았다. 더군다나 CIA는 해군과 너무 비슷하지 않았을까? 대기업 면접도 봤는데 그중에는 프록터 앤 갬블(P&G)도 있었다. 친구 하나는 나더러 땅콩버터 마케팅을 담당하는 '땅콩버터맨'이 될 수도 있겠다고 우스갯소릴 했다. 물론 로스쿨 지원도 있었고 결국 합격했다. 나는 이 기쁜 소식을 모두에게 전했고 펠트는 내가 CIA에 지원하지 않고 땅콩버터 마케팅 같은 일을 하지 않게 돼 다행이라 여기는 듯했다.

[†] 영화 시민 케인에서 언론계 유명인사 찰스 케인이 임종 시 남긴 외마디 '로즈버드'가 무엇을 의미하는지 기자인 주인공 톰슨이 찾아 나서고 그 과정에서 케인의 일대기가 퍼즐처럼 재구성된다. - 옮긴이

제대를 앞둔 금요일 해군 지휘관(성이 킹스턴이었던 것 같다)과 해군 동료 몇이 버지니아의 군인 클럽에서 파티를 열어주었다. 그때 90센트짜리 마티니를 예닐곱 잔은 마신 것 같은데, 한 번에 그렇게 많은 알코올을 섭취한 일은 처음이었다. 나는 취해서 속이 안 좋은 채 킹스턴의 자동차 뒷좌석에 앉아 있다가 토했다. 아무리 제대를 앞둔 해군 장교라 해도 이건 분명 예의가 아니었다. 킹스턴 부인은 앞 좌석에 앉아 역겨움을 간신히 참고 있었다. 내 적합성 보고서를 쓰던 킹스턴은 6개월 주기의 해군 장교 평가에서 해군 복무 기간 동안 내가 여덟 개 실린더 중 한두 개만으로 작동했다며, 내가 더 많은 실린더를 쓸 일을 찾기를 진심으로 바란다고 썼다. 그는 내 차가 주차된 펜타곤 북부 주차장 어딘가에 나를 떨궈주었다. 아니 던져버렸다. 걸을 수가 없어서 기어가기 시작했다. 주차장으로 군 경찰이 왔다. 나는 신분증을 보여주며 제대일이 거의 다 됐다고 했다. 우리는 제대를 앞둔 군인을 '쇼트'라고 불렀다. 그 경찰은 동정심을 베풀어, 아니 어쩌면 질투심을 느끼면서 쇼트 타이머라면 한 번쯤 즐겨 마땅하다고 했다. 그 경찰이 컬럼비아 자치구에 있는 내 아파트로 태워다 주었다. 나는 노스웨스트 스트리트 1718 P에 있는 월세 110달러짜리 원룸형 아파트 6층에

617호에 살고 있었다. 이튿날 아침 찾아온 두통에 견줄만한 일을 나는 이제껏 한 번도 겪어보지 못했다. 정말 끝없이 지끈거렸다. 아마도 편두통이 그런 느낌이리라. 지금도 마티니를 마시거나 냄새라도 맡으면 미미하게나마 어김없이 메스껍다.

제대한 나는 1970년 8월 한 달을 방황하며 보냈다. 로스쿨에 가면 무기력해질 것 같았다. 게다가 이미 해군에서 무의미하게 5년을 보낸 터였다. 나는 베트남 전쟁을 혐오했으나 D.C.에서 열린 전쟁 반대 시위에 참여한 것밖에 없다. 워싱턴포스트를 구독하고 있었는데, 이 신문사는 벤 브래들리라는 개성 강하고 에너지 넘치는 에디터가 이끄는 곳이라 들었다. 워싱턴포스트에는 강렬함과 멋스러움이 있었다. 로스쿨보다 훨씬 시대에 잘 부합하고 세상의 일반 상식과도 더 잘 맞는 듯했다. 어쩌면 기자가 내가 할 수 있는 일인지도 몰랐다.

CHAPTER

3

The Secret Man

어떤 미래를 살지 고민하던 중 나는 워싱턴포스트에 서신을 보냈다. 어떻게 해서인가 워싱턴포스트의 에디터 해리 로젠펠드가 만나주겠다고 했다. 그날은 무작정 신문사로 가서 로젠펠드를 찾았을 공산이 크다. 오늘날의 삼엄한 경비가 있기 전이라 누구나 신문사에 들어가 5층 뉴스룸에 갈 수 있었다. 워싱턴포스트는 노스웨스트 스트리트 17 P에 있는 우리 아파트에서 도보로 일곱 블록만 가면 되는 곳인 노스웨스트 스트리트 15 L에 있었다.

그로부터 2년도 지나지 않아 로젠펠드는 워터게이트 기사의 주요 에디터 중 한 사람이 된다. 40대 초반에 제산제를 입에 달고 사는 로젠펠드는 위장 장애를 겪는 사람 특유의 긴장과 수그러들지 않는 열정이 있었다. 나치 점령 이전에 베를린에서 태어난 그는 10세에 뉴욕시로 와야 했다.

〈모두가 대통령의 사람들〉에서 번스타인과 나는 로젠펠드가 워싱턴포스트의 최대 부서인 수도권부를 럭비 감독처럼 지휘했다고 했다. 우리는 이렇게 썼다. '성과를 내겠다고 경영진에게 약속했다는 사실을 상기시키고, 간청하고 질책하고 회유하고 보조를 맞추고, 바로바로 효과가 나오게끔 화내고 만족스러워하고 걱정하는 등 표정을 수시로 바꿔가며 선수들을 자극한다.'

1970년 8월의 그날 로젠펠드는 이런 면면을 많이도 보여주었다. 그는 넥타이가 풀린 채 안경을 통해 어리둥절하다는 듯 나를 보면서 의아해했다. "왜 기자가 되고 싶다는 거지? 경력이 제로, 제로면서! 워싱턴포스트가 경력 하나 없는 사람을 대체 왜 뽑겠나?" 그는 쌓여 있는 파일 더미에 손을 뻗었다. "이게 다 워싱턴포스트에서 일하고 싶다는 지원자라고. 산더미처럼 쌓인 이 지원자가 모두 워싱턴포스트에서 일하고 싶어 한다고." 그는 파일을 뒤적였다. "미드웨스트의 주요 대형 신문사에서 5년을 꽉 채운 이 사람은 제발 뽑아달라 빌기까지 했다고. 경력이 10년인 사람도 나왔다고. 10년. 문가에 있는 저자는 온갖 저널리즘 상을 휩쓸었다고. 그런데 왜 자네를 뽑냐고?" 그는 물었다. 나는 대답할 말이 없어 그냥 더듬더듬 실험이니 열정이니 하는 소릴 했던 것 같다.

그는 '적시(attribution)'가 뭐냐고 물었다.

나는 모른다고 했다.

그는 고개를 절레절레 흔들더니 설명했다. 신문에 나오는 정보는 전부 출처를 밝혀야 한다는 뜻이라고. 시장이 말했다거나 문서에 나와 있었다거나 취재원이 말했다거나. 독자는 모든 사실에 대한 근거를 최대한 알아야 하는 거라고.

로젠펠드는 나의 오만함과 대담성과 주제넘음보다 더 심각한 내 무지에 아연실색하며 기자들에게 이리 오라고 몸짓을 해 보였다. 그는 양팔을 공중에 마구 흔들었는데 결국 이런 말이었다. '이 친구 좀 보게, 여기서 기자로 일하고 싶다면서 경력이 제로야. 대학 신문사에서 일해본 경험도 없어!'

대학원 과정에서 딘 애치슨에 관해 썼던 보고서도 제출했던 것 같다. 로젠펠드는 그런 건 아무 소용없다면서 옆으로 던져버렸다. 분위기로 봐서는 그가 보고서를 바닥에 던져 발로 밟아대는 모습도 상상되었다. 로젠펠드는 이건 미친 짓이라고 하더니 결국 입장을 번복해 시도나 해보자고 했다. 2주간의 시험 기간을 주겠다며 나를 앤드류 반스 밑에 배정했는데, 반스는 매력적인 하버드 대학 출신으로 기자 생활을 하다가 훗날 플로리다의 세인트 피터스버그 타임즈 CEO가 된다. 반스의 책상은 뉴스룸 한가운데에 있었다. 약간 짜증 섞인 채 나를 보는 그의 표정은 마치 "해리의 또 다른 실험이군." 하는 듯했다. 몸을 약간 앞으로 구부정하게 숙인 반스는 맹인에게(나에게) 적진의 지도를 설명하라고 명령받은 고위급 CIA 사건 담당관 같아 보였다. 반스는 내 첫 과제가 지역 주유소 관련 보도라고 했다. 야간에 강도 사건이 잇따라 발생하자 몇몇 주유소에서 야간 거스름돈 정책을 도입했는데, 고객이 현금으로 돈을 내야 하고 그렇게 낸 돈이 야간 근무자는 열 수 없는 대형 금고의 꼭대기 틈으로 들어가는 방식이었다. 현금이 수중에 없어야 연쇄 강도 사건이 멈출 테니 말이다.

나는 워싱턴포스트의 기자가 되어 동네에 있는 모든 주유소를 방문해 워싱턴에 분명 쫙 퍼져있을 이 신규 범죄방지책을 모든 각도에서 조사할 수 있겠구나 하는 생각을 했다. 그러나 주유소를 열 군데도 넘게 가 봐도 새로운 거스름돈 금고를 이용하는 주유소는 두 곳뿐이었다. 이틀 뒤 나는 반스에게 보고했다.

"자네 뉴욕타임스 봤어, 안 봤어?" 그가 물었다.

"아뇨, 뉴욕타임스 안 읽었습니다."

"읽었어야지." 그는 비웃으며 말했다. 그리고 나서 내게 그 신문을 집어던졌다. 사회 일면에 대서특필된 기사는 뉴욕의 주유소에서 새로운 거스름돈 정책을 쓰고 있다고 기술하고 있었다.

첫 과제에 탈락했다. 반스는 신뢰를 잃었다는 표정이었다. 나는 쭈그러들었고 결국 사과했다. 반스는 몇 가지 과제를 더 주었고, 내가 기삿거리를 직접 찾아보기도 했다. 2

주가 다 될 때까지 열 몇 건 정도의 기사를 썼던 것 같다. 발행되었거나 발행 근처라도 간 것은 하나도 없었다. 편집된 것조차 없었다.

"이봐, 자네는 이 일을 하는 법을 몰라." 로젠펠드가 자비로이 시험 기간을 종료하며 말했다. "정말 하고 싶은지 아닌지 잘 모르겠지만 작은 신문사에서 기본부터 배우라고." 메릴랜드 교외에 '몽고메리 카운티 센티넬'이라는 유명한 주간지가 있는데 그곳의 로저 파쿠어라는 에디터가 워싱턴 포스트지에서 근무한 적이 있고 기자들을 훈련하는 법을 안다고 했다.

나는 그 어느 때보다도 매료되어서 나왔다. 시험은 완전히 망쳤지만 정말로 좋아하는 일을 찾은 거였다. 뉴스룸의 긴박감이 나를 압도했다. 나는 면접을 위해 D.C. 북서부에서 거의 한 시간 거리인 메릴랜드의 센티넬 사무실에 갔다.

파쿠어는 줄담배를 피우고 뼛속까지 회의적인 사람이었는데, 나를 뽑은 이유가 내가 이런 말을 했기 때문이라고 훗날 말했다. "이 일이 얼마나 하고 싶은지 이 일의 맛까지 느껴질 정도입니다." 확실히 그런 말을 했을 것이다. 나는 아버지에게 로스쿨은 관두고 주급 115달러짜리 메릴랜드 주간지 발행사에 기자로 들어가 일할 거라고 했다.

"미친 짓이야." 아버지가 나를 판단하는 말을 하는 일은 드물었으나 이번만은 그 드문 경우였다. 마크 펠트에게도 전화했는데 그도 좀 더 친절하게 이건 바보 같은 짓이라고 지적했다. 신문은 무척이나 경박하다고 했다. 신문은 깊이 있는 일을 하는 법이 없고 사건을 밑바닥까지 파헤치는 일도 드물다고 했다.

나는 들떠 있었다. 기사에 도움을 주실 수도 있지 않냐고 했다.

그는 대답하지 않았다.

센티넬에서 1년을 보내는 동안 나는 많은 것을 배웠다. 로저 파쿠어는 그리 크지 않은 탐사 기삿거리를 마음껏 쫓게 해주었고 내가 보도한 기사 몇 건이 워싱턴포스트에서 후속으로 다뤄지기도 했다. 여기에는 흑인 시민운동가 H. 랩 브라운에 대한 것도 있었는데, 브라운의 방화 혐의가 '조작'이라고 주 검사가 말했다는 보도였다. 그 검사는 자신이 한 말을 끝까지 고수했고, 워싱턴포스트와 뉴욕타임스는 내 보도의 후속 기사를 1면에 보도했다.

그해에 펠트의 사무실이나 집으로 계속 연락했다. 우리는 모종의 친구가 되어가고 있었다. 그는 내가 화장지 조사 같은 일 따위는 하지 않도록 지켜주는 멘토였고 나는 계속 조언을 구하고 질문을 하는 멘티였다. 나는 그를 전화기 앞에 10분에서 20분 동안 붙잡아둘 수도 있었다. 어느 주말은 차를 몰고 버지니아에 있는 그의 집에 가서 부인 오드리를 만나기도 했다.

펠트는 J. 에드거 후버의 추종자였다. 후버의 질서정연함과 절차에 대한 엄격함, 철의 주먹으로 FBI를 이끈 방식을 좋아했다. 후버는 잘 차려입었고 용모가 단정했으며 직선적이었다. 후버가 매일 아침 6:30에 사무실에 출근하고 일관되게 행동한다는 점을 좋아한다고도 했다. 또한 닉슨 정부에 대해서도 말했다. 닉슨 정부가 사악한 부패 정부라고 했으며 후버와 펠트 자신 그리고 늙은 경비원이 대통령으로부터 FBI를 보호하는 장벽이라고 했다. 펠트는 닉슨 사임 후 5년 뒤인 1979년에 출판한 자신의 회고록 〈FBI 피라미드〉에서 소위 '백악관과 사법부의 도당'을 통해 FBI에 정치적인 통제권을 행사하려던 시도에 분개하며 맹렬히 비난했다.

워터게이트 발생 이전이던 1970년과 71년 당시 대중은 백악관과 FBI 사이에 힘겨루기와 악다구니가 있었다는 걸 알지 못했다. 1970년 톰 찰스 휴스턴이라는 백악관 보좌관의 계획은 우편물 불법 개봉, 비밀 입국, 침입에 대한 규제를 없애버리고 '내국 보안 위협' 대비를 위한 전자적 감시 강화권을 CIA와 FBI에 부여하겠다는 것이었다. 닉슨 대통령은 그 계획을 승인했다. 그러나 후버가 강경하게 반대하면서 국내 보안 위협 대응을 위한 도청, 우편물 개봉, 가정 및 사무실에 대한 침입은 FBI의 전문 분야고 경쟁자가 생기는 건 원치 않는다고 했다. 나흘 뒤 닉슨은 휴스턴 계획을 철회했다.

훗날 펠트는 휴스턴을 '첩보 공동체에 대한 백악관 가울라이터 같은 자'라 여긴다고 썼다. 가울라이터는 4인치 두께의 웹스터 백과사전 무삭제판에서 '자치 통치하에 있는 정치 구역의 지도자나 주무관'이라 정의돼 있다.

닉슨 행정부를 펠트가 어떻게 생각했는지는 의심의 여지가 없다. 그는 로스앤젤레스 지구에서 FBI 요원이 '히피 공동체 구성원의 신원을 파악'하거나 민주 사회를 위한 학생단에 관한 파일을 열어보려는 시도를 저지하기도 했다. 펠트는 이렇게 썼다. "우스꽝스럽기 짝이 없는 제안이었다. 우선 실제로 폭력에 참여한 구성원은 극소수였고 그 밖의 사람에 대한 수사를 정당화할 방법은 없었다." 그러기 위해선 수천 건의 사건을 새로 열어야 했는데 그만한 인력이 FBI에 없었다고도 덧붙였다. 그가 중압감을 느끼고 있다는 건 분명히 알 수 있었다. FBI의 온전성과 독립성에 대한 위협은 실재하는 것이었고 이는 가장 중대한 문제였다.

1971년 7월 1일에 후버는 펠트를 FBI의 3인자로 승진시켰다. 클라이드 톨슨이 2인자였으나 몸이 아파 출근하지 않는 날이 많았으므로 정책 문제만 후버의 승인을 받는 한 FBI의 프로젝트들을 마크 펠트가 관리하게 됐다는 뜻이기도 했다. 닉슨의 보좌관들이 펠트에게 이런저런 정보를 묻고 크고 작은 부탁을 요청하는 일이 쇄도한 것도 이 시기였다.

워싱턴포스트에서 시험을 망치고 1년이 지난 1971년 8월에 드디어 로젠펠드가 나를 고용하기로 했다. 1971년 9월 첫 번째 금요일 워싱턴포스트에서 최종 면접을 보고 브래들리와 미팅도 했던 것 같다.

그날은 1971년 9월 3일 금요일이었다. 백악관 보좌관 하워드 헌트는 국방부 보고서를 뉴욕타임스에 누설한 혐의를 받고 있는 대니얼 엘스버그의 정신과 주치의 사무실에 막 침입하려 하고 있었다. 헌트와 소위 배공관들은 언론으로 정보가 유출되는 것을 막고자 작업 중이었다. 그 전 달인 8월 11일, 닉슨의 최고 보좌관 2인 중 하나인 존 D. 에일리크먼이 '엘스버그의 정신과 주치의의 의료기록을 입수하는 비밀 작전'을 권하는 메모에 '승인'이라 써서 이를 확인했다. 에일리크먼은 자기 손으로 이렇게 덧붙였다. "자네가 보장하는 작전이니 추적은 불가능하겠군."

브래들리는 '그 몽고메리 카운티인지 뭔지 하는 신문사'에서 내가 무슨 일을 했는지에는 관심이 없었다. 그가 눈길을 당신에게 향하면서 주의를 집중하면 드디어 올 게 왔다는 느낌이 든다. 그는 한 가지만 봤다. 바로 해군에 복무한 기간이었다. 내가 해군에 있던 5년은 그가 2차 세계대전 중 구축함(USS 필립)에서 보낸 시절만큼 힘든 전쟁이 벌어진 시기는 아니었으나 세대를 뛰어넘어 우리는 형제나 다름없었다. 해군 이야기가 나오고부터는 모든 게 물 흐르듯 진행되었다. 그는 말했다. "좋아, 일을 시작하게. 즐기라고. 재미도 보고 파고들어."

1971년 9월 15일부터 워싱턴포스트에서 일하기 시작했다. 급여는 주급 165달러였다. 노조에서 주간지 보도 경력은 인정하지 않아서 내가 급여를 가장 적게 받았다. 나는 야간 경찰 기자 자리에 배정받아 6:30P.M 경부터 다음 날 2A.M.까지 근무했다. 따라서 이 자리는 남들이 기피하는 자리였다. 하지만 너무나 좋았다. 화재, 총격 사건, 사건 조사, 불쾌한 현실의 민낯을 드러내는 충격적인 거리 범죄,

경찰서 사내 정치는 더할 나위 없는 기삿감이었다.

1972년 초에 펠트는 FBI에서 그가 훗날 '백악관의 은폐 압력이자 여러 측면에서 워터게이트의 서곡이 된 일'로 일컬었던 그 일을 겪고 있었다. 그 일은 서곡 이상이었다. 차라리 최종 리허설에 가까웠다. 백악관이 FBI에 압력을 가해 수사에 개입할 수 있게 된 것이었다.

잭 앤더슨이 비어드 메모를 발행한 때는 1972년 2월 19일이었다. 여기에는 ITT가 자사에 유리한 독점금지 조항에 합의해준 대가로 공화당에 4십만 달러를 기부했다는 암시가 있었다. 존 미첼은 닉슨 재선 캠페인을 운영하고자 1972년에 법무장관 자리를 사임했고, 닉슨은 미첼의 보좌관 리처드 G. 클라인딘스트를 법무장관 후보로 지명했다. 패트릭 그레이는 법무부 보좌관으로서 상원에 입김을 넣어 클라인딘스트의 후보 지명을 몰아가고 있었다. 나중에 워터게이트에 가려졌으나 당시 ITT는 거대 스캔들이었다. 1972년 3월 10일에 그레이가 FBI로 펠트에게 전화해 긴급 문제로 만나고 싶다고 했다. 그때 후버는 아직 생존해 있었다. 법무부 민사과 수장 그레이가 FBI에 와서 후버의 뒤를 이으리라고는 그레이 자신조차 전혀 상상 못 했을 것이다.

제2차 세계대전에서 활약한 전직 잠수함 사령관이자 키

가 180센티미터에 군인처럼 머리를 자른 그레이를 펠트는 한 번도 만난 적이 없었다. 그레이는 비어드 메모의 원본을 가져와 펠트가 FBI 실험실에서 진위를 가려주길 원했다. 그레이에게서 그 메모를 받은 펠트는 문서 검사를 진행해도 좋다는 후버의 승인을 받았다. 하지만 얼마 안 가 그레이가 전화를 걸어 당장 그 문서를 돌려달라고 요구했다. 4일 뒤 그레이는 그 메모를 FBI에 반환해 실험실에서 검사할 수 있도록 했다. 곧 펠트에게 백악관 고문인 존 딘의 전화가 왔고, 딘은 ITT에서 초빙한 전문가를 통해 그 메모는 위조로 확인됐으며 검사 결과 메모에 적힌 날짜로부터 6개월 뒤에 타이핑된 것으로 드러났다고 했다.

3월 17일 디타 비어드는 미심쩍게도 병원에 있었는데, 그녀의 입을 계속 막으려는 시도였을 것이다. 그 메모에 대해 비어드는 진술서를 냈다. '저는 그 메모를 준비하지 않았고 준비할 수도 없었으며⋯.' FBI 실험실에서는 그러나 그 메모는 메모 상 날짜인 1971년 6월 2일 전후에 타이핑되었고 아마 진본일 거라고 펠트에게 보고했다.

딘은 FBI 보고서를 ITT에서 밝힌 내용과 모순되지 않게 바꾸라고 촉구했는데 펠트와 후버는 이를 거절했다. '펠트는 꿈쩍도 안 했는데 국장이 요지부동이었기 때문이다.'라고 딘은 회고록 〈맹목적인 야심〉에서 밝혔다. 딘에 따르면 닉슨 대통령이 후버에게 보낸 통지조차 국장을 설득하는 데 실패했다. 펠트가 볼 때는 백악관의 명백한 은폐 압력에 불과했다.

워싱턴포스트에 입사하고 처음 몇 달 동안은 바빴으나 정기적으로 그와 연락했다. 펠트는 기사에서 그 자신과 FBI 그리고 법무부라는 말은 꼭 빼라고 했다. 이 규칙에 관한 한 그는 엄격했으며 우렁찬 목소리로 계속 강요했다. 나는 약속했다. 기밀을 보장하는 유일한 방법은 우리가 대화를 나눴다거나 FBI 혹은 법무부에 아는 사람이 있다는 말을 그 누구에게도 하지 않는 것이었다. 그해 봄 FBI에서 부통령 스피로 T. 애그뉴가 뇌물 2천 5백 달러를 현찰로 받아 사무실 책상 서랍에 넣어 두었다는 정보를 입수했다고 했다. 나는 당시 워싱턴포스트 수석 메릴랜드 기자였던 리처드 코헨에게 전했다. 취재원에 대해서는 전혀 알리지 않았다. 코헨은 애그뉴 조사가 '말도 안 되는 일'이라 생각했다. 나는 볼티모어 주변을 종일 쏘다니며 그 뇌물에 대해 안다는 인물을 추적했다. 아무것도 못 찾았다. 2년 뒤에 애그뉴 부통령에 대한 수사에서 사무실에서 그런 뇌물을 받은 사실이 드러났다.

CHAPTER

4

The Secret Man

1972년 5월 2일 화요일 9:45A.M. 펠트가 FBI 사무실에 있는데 후버 국장이 자택에서 사망했다는 소식을 접했다. 사실상 펠트는 FBI를 이어받을 후계자 선상에 올라있었다. 회고록에서 펠트는 '개인적인 슬픔은 전혀 없었다.'고 썼으나 그다음 열다섯 쪽짜리 챕터가 온통 후버를 항변하고 있다. 펠트는 그를 '카리스마 있고 거침없으며 가엾으며 위대하고 거창하고 명석하고 독선적이고 근면하며 인정 많고 남을 지배하려 드는' 인물이라고 묘사했다.

펠트는 후버와 가까워지려고 노력한 듯하지만, 후버가 친분을 맺은 유일한 사람은 톨슨이었다. 평생 독신으로 지낸 후버가 다른 누군가와 동성애 관계였을 가능성에 대해 펠트는 아는 바가 없다고 말한다. 펠트는 후버가 오탈자 같은 문제에 완고하고 융통성이 없었으며 FBI로 들어오는 외부 서신은 24시간 이내에 답신하게 했다고 설명한다. 모든 전화는 세 번째 벨이 울릴 때까지는 받아야 했다고 했다.

펠트는 후버의 경력을 최대한 긍정적으로 조명하려 애썼는데, 이를테면 진주만 이후 일본계 미국 시민을 상대로 한 조치(이전 및 억류)에 반대한 고위급 관료는 후버뿐이었다고 지적했다. 펠트의 말만 들으면 후버는 '연방 정부 고위 관료 중 이 같은 인권유린을 막으려던 유일한 인물'이었다. 후버를 헌법과 인권의 수호자로 묘사한 것을 봤다면 많이들 비웃었을 것이다. 그러나 펠트는 책의 긴 챕터에서 1960년대에 FBI가 마틴 루터 킹 주니어 목사를 도청한 일을 다루며 후버의 행동을 정당화하고 다른 사람을 비난하기까지 하는데 여기엔 법무장관 로버트 F. 케네디도 있었으며, 킹이 어느 공산당원과 관련 있다고 케네디가 우려했다고도 말했다. 펠트의 말에 의하면 킹에 대한 수사는 '어떤 스트레스와 긴장 아래 FBI가 작전을 수행해야 했는지를 보여준 일'이었다. 펠트는 전화 도청뿐 아니라 '킹이 미국 전역을 돌아다니며 묵은 호텔과 모텔 방에도 마이크가 설치되었다.'고 했다.

펠트의 주장에 따르자면 후버가 킹의 사생활을 상세히 알게 된 것은 온전히 킹 자신의 잘못이었다. 이렇게 펠트는 썼다. "청교도주의적인 국장님은 킹 박사 호텔 방에서 무슨 일이 벌어지는지 낱낱이 밝힌 테이프를 받아 쓴 것을 읽고 여러 명이 동원돼 변태 짓까지 하며 술에 취해 난잡하게 벌어진 그 주지육림에 격노했다. 테이프 녹음 내용은 킹의 혼외정사를 생중계한 것이었다. 시민 인권 수호를 목표로 전국을 여행하고 다니는 동안 그의 호텔 방에는 백인 여성이 줄지어 방문했고 킹이 격정에 휩싸여 격렬한 반응을 하는 소리까지 온갖 소리가 다 들어있었다. 남성 방문객이 찾아와 그 축제에 동참하는 일도 잦았다."

펠트는 킹의 명예를 실추시킨 후버의 행동을 옹호하는 글을 썼는데, 국장의 관점으로 볼 때 킹은 시민 인권 운동을 이끌 만한 도덕성이 없는 위선자라고 했다. 목적은 수단을 정당화했다. 그 정보를 이용하는 것은 더 크고 가치 있는 목적을 위해, 그리고 법을 초월해 내려질 수 있는 판단에 따라 허용 가능한 일이었다. 공격적으로 막무가내로 밀어붙인 나를 펠트가 참아준 것은 어쩌면 시애틀에서 FBI 하급 감독관으로 있던 시절 그도 나처럼 행동했기 때문이었을지 모른다.

십 년 넘게 요원으로 생활한 펠트는 후버와 독대하여 30분간 언쟁을 벌였다. 펠트가 설명한 그대로였다면 국장 앞에서 야심을 펼쳐 보인 것이었다. "후버 국장님, 저는 제가 좀 더 중요한 일을 맡을 준비가 됐다고 생각합니다. 제 야심은 담당 특별 수사관이 되는 것입니다. 제가 할 수 있다고 여기시는 일이 있다면 언제든 그 일을 맡을 자신 있습니다." 후버는 펠트를 기꺼워했다.

일주일도 안 돼 펠트는 워싱턴의 조사관으로 승진했다. 조사대원은 곧 FBI 내부의 경찰이었다. 펠트는 조사단을 '폭력단'이라 부르며 조사단에 들어간 일을 끝까지 달가워하지 않았다. 하지만 후버가 조사대원을 FBI 내부에 심은 자신의 '눈과 귀'라고 불렀으므로 조사단만이 승진을 향한 동아줄이 될 것이라 믿었다. 조사대원이 하는 일은 매년 FBI의 현장 사무소를 도는 것이었다. 조사관들로 구성된 팀은 현장 사무소에 쳐들어가 파일을 죄다 뒤지고 온통 쑥대밭으로 만들었다. 재임 기간이 2개월밖에 남지 않았을 때 펠트는 현장 사무소로 다시 나가야 했는데 그는 싫어하지 않았다. 하지만 10년이 지나 후버는 펠트를 조사 부서로 되돌려보냈다. 이번에는 수석 조사관, 달리 말해 폭력단의 수장 자리였다. 펠트는 후버의 특수 미션을 수행해야 할 때도 종종 있었다.

한 예로 1965년 도미니카 공화국 혁명 발발 시 후버는 펠트를 보냈다. FBI는 펠트가 '망명한 전 대통령, 좌파 후안 보쉬'라고 부른 반란 주동자의 전화를 도청하고 있었다. 혁명 전략과 계획은 전부 대통령 린든 존슨에게 보내지고 있었지만 가로챈 정보를 모스 부호로 보내자니 전송이 너무 느렸다. 처리하지 못한 정보의 양이 끔찍할 정도로 많았다. 도미니카 공화국 수도 산토 도밍고에 FBI의 자동 암호해독 장비가 있었으나 국가 안전국 보안 절차에 따라 사용이 금지되어 있었다. 정보가 유출될 수도 있었기 때문이다.

"이건 비상 상황이다. 따라서 규정 따위에 연연하지 않을 것이다." 펠트는 현장에 있던 FBI 요원들에게 이같이 말했다. 그 장비는 결국 사용됐고 펠트는 이렇게 썼다. "목적을 달성했고, 후버가 요구한 대로 일을 하루 만에 끝냈다." 그 작전은 국외 정보수집을 담당하는 CIA가 맡았어야 했는데, 그 일이 FBI와 CIA 간에 균열이 생긴 계기였다고 펠트는 말한다. 하지만 존슨 대통령은 '아주 흡족'해 했다.

1965년 그해 나는 젊은 미 해군 장교였고 지휘선이기도 했던 통신선(USS라이트)에 배정받았다. USS라이트는 해상 국방부이자 핵전쟁 시 대통령을 위해 마련되었다. USS라이트의 공식 명칭은 국가비상해상지휘소(NECPA)였다. 나는 국가 안전국 암호 장비를 감독했는데 차폐된 방에서 작업하는 게 정석이었다. 해독된 메시지에서 나온 신호를 소련 정보부가 알아채고 암호화된 메시지와 맞춰볼 가능성을 '템페스트 헤저드'라고 했다. 그로 인해 미국의 통신 코드를 소련이 해독하는 결과가 나올 수도 있었다. 규정을 무시하기로 한 펠트의 결정은 심각한 사안으로 받아들여질 수 있었다.

후버가 사망한 날 펠트는 이렇게 썼다. "후버의 자리에 대통령이 외부인을 임명할 거라고는 추호도 생각하지 못했다…. 그 자리에 내가 앉을 가능성이 크다고 여겼다."
그는 곧 실망하고 만다.
"후버의 사망을 공지한 지 정확히 26시간 10분 후 닉슨 대통령은 L. 패트릭 그레이를 국장 대행으로 임명했다."고 펠트는 썼다. 그레이는 오랜 닉슨 대통령의 충신이었는데 존 F. 케네디가 승리한 대선(1960년) 때 닉슨과 함께하기 위해 해군을 제대했다.
후버의 장례식은 '세상을 떠난 국장을 기리기보다 대통령의 권력 강화에 더 치중한 화려한 텔레비전 쇼였다.'고 펠트는 씁쓸하게 썼다. 그의 씁쓸함은 팻 그레이가 임명된 일로 인해 특히 더 컸다. "외부인이 FBI를 넘겨받았다는 데 분개했으나 동시에 그레이의 강인함에 감명받았다." 펠트는 몇 분 이상 그레이의 주의를 끄는 것은 불가능하다는 걸 알게 됐다. 펠트가 여러 가지를 제안하면 그레이는 생각해보겠노라고 답하는 버릇이 있었으나 그건 자신이 이미 결정을 내렸다는 뜻이었다.
펠트는 그레이가 여성 요원을 최초로 채용하는 일을 FBI 관료들이 '만장일치로 승인'했다고 언론에 발표하자 그가 거짓말쟁이라는 걸 알게 됐다. 그런 투표는 하지도 않았으며 그 문제는 최고위 관료들 모두가 반대하던 일이었다. 펠트는 자신이 '좀 더 현명했더라면 은퇴했을 것'이라고 썼다. '시간당 몇 푼 벌지도 않았으므로' 은퇴 후 받을 연금이 현역 봉급과 거의 맞먹었기 때문이었다. 그레이는 곳곳의 현장 사무소를 방문하거나 체육관에 있었는데 운동하고 있을 때 방해하는 것을 용납하지 않았다. 그는 법무부에서 젊은 충신 4명을 데려왔는데, 펠트의 눈에 그들은 비밀회의를 하며 그레이의 시간을 독차지하는 위협적인 존재였다.

그레이의 국장 대리 취임일로부터 2주도 지나지 않은 1972년 5월 15일, 대통령 선거에 출마한 앨라배마 주지사 조지 월리스가 총에 맞았다. 상처는 깊었다. 월리스는 살아남았으나 두 다리가 마비되었다. 월리스에게는 딥 사우스 지역의 추종자가 많았는데, 이들은 닉슨의 지지세력을 키울 자원이기도 했다. 1968년에 월리스 출마 소문이 나자 그해 선거에서 닉슨은 패할 뻔했고 따라서 1972년 대선 내내 닉슨은 월리스의 모든 움직임을 밀착 감시했다. 그날 저녁 닉슨은 펠트의 집에 전화를 걸어—그레이는 타지에 가 있어 부재중이었으므로—월리스 총격 사건에 대해 보고받았다. 펠트가 대통령과 직접 대화한 것은 이번이 처음이었다. 펠트는 암살 미수범 아서 브레머를 체포했으며, 지금 병원에 있다고 보고했다. "그래, 그 개자식을 제대로 혼

쥴 내주지 않았다니 유감이군!" 펠트의 책에는 대통령이 이렇게 말했다고 돼 있다. 닉슨의 감정 표출로 펠트는 기분이 상한 것 같았다. 하지만 통화가 녹음된 테이프에는 그 정도로 흥분하지는 않은 것으로 나왔다. 닉슨은 이렇게 말했다. "더 제대로 혼내주었어야 했는데 말이야." 테이프에서 펠트는 낄낄 웃으며 이렇게 말했다. "그 정도면 제대로 혼내준 겁니다."

월리스 총격이 지닌 정치적 여파는 어마어마했다. 인종, 종교, 성별에 따른 차별을 옹호한 월리스는 경선을 치르던 중이었고 이미 전국적인 현상이었다. 2개월 전에는 플로리다 경선에서 득표율 42퍼센트로 승리했다. 민주당 후보로 최종 지명된 상원의원 조지 맥거번은 6퍼센트밖에 득표하지 못했다. 전국 득표율은 닉슨이 약 43퍼센트, 월리스는 10~12퍼센트였다. 월리스 지지자 대부분은 월리스만 아니면 닉슨을 지지했을 것이었다. 이제 월리스가 경주에서 빠졌으니, 시어도어 H. 화이트가 1972년에 출판된 〈대통령 만들기〉에서 쓴 것처럼 "그가 제거됨으로 인해 결국 대통령의 재선이 최종적으로 확실시됐다." 11월 선거에서 맥거번은 37퍼센트를 얻은 데 반해 닉슨은 뜻밖에도 61퍼센트를 얻었다.

닉슨이 조바심을 낸 것도 무리는 아니었다. 저격범이 닉슨이나 공화당 또는 백악관과 어떤 연관이라도 있었다면, 막대한 결과를 초래했을 것이다. 총격이 발생한 날 밤 닉슨의 보좌관(찰스 W. 콜슨)이 브레머를 민주당 정치인들과 연계시키고자 하워드 헌트에게 총격범의 아파트에 몰래 들어가라고 명령했다는 것을 1년이 지나고서 알게 되었다. 물론 나는 이를 보도했다.

우리가 아서 브레머에 대해 더 알아내는 동안 펠트는 단서를 주면서 방향을 일러 주었다. 브레머가 다른 대통령 후보들도 스토킹했던 사실이 드러나자 그 흔적을 찾으러 뉴욕에 갔다. 그 결과 브레머에 관한 기사들이 1면을 장식하게 됐고, 대선후보를 마구잡이로 총격할 작정이던 미치광이의 초상화가 완성되었다. 나는 5월 18일 1면에 다음과 같은 기사를 냈다. "월리스 총격 사건 조사 보고서를 검토한 FBI 고위 관료들은 브레머가 청부살인업자라는 걸 보여주는 증거는 없다고 말했다. 200여명의 FBI 요원이 찾고 있지만 월리스 저격의 배후에 어떤 음모가 있다는 징후는 못 찾았다고 FBI의 취재원이 말했다."

내가 뻔뻔했던 건지도 모른다. 사실상 정보가 어디서 나온 건지 제대로 숨기지 않은 것이다. 'FBI에서 수사 보고서를 검토하는 고위급 관료가 정보를 준다.'는 깃발을 올린 거나 다름없었다. 현명하지 못한 처사였기에 펠트는 나를 가볍게 꾸짖었다. 하지만 브레머가 단독 행동한 것이라는 보도는 백악관과 FBI 둘 다 공개되길 바란 내용이었다. 음모론을 약화하려던 노력이 기본적으로 효과를 발휘한 것이다. 월리스 총격에 다른 사람이 관련이 있다는 주장을 그 누구도 진지하게 효과적으로 제기하지 않았다.

그레이는 FBI에 들어온 초창기에 적대감을 보였고 특히 펠트에게 그랬다. 자신이 정한 대로 FBI 각 현장 사무소를 돌며 값비싼 군용기를 고집했는데, 그로 인해 발생하는 비용은 FBI 예산에서 변제돼야 했다. 그는 고급 사무실과 연봉 1만 달러의 요리사가 달린 개인 조리실을 갖추고 있었다. 이 조리실은 최고위급 간부용으로 만들려던 것으로, 주방 재고를 처음 채워 넣을 때 간부들은 25달러씩 내야 했다. 그 이후 두 사람은 돈 문제로 계속 충돌했다. 펠트는 기분이 상했다. 거기서 그가 식사하는 일은 한 달에 두어 번 정도뿐이었다. 한 끼에 12.5달러라니, 아무리 식사가 훌륭해도 그 당시로서는 말도 안 되게 비싼 금액이었다. "조리실과 고급 요리로—더군다나 고급 요리라니!—그 즉시 가장 두드러졌던 효과는 공공기관의 복도를 가득 메운 음식 냄새였다."고 펠트는 훗날 썼다.

그레이는 펠트에게 서류가 끝없이 쏟아진다며 "일상적인 FBI 운영은 자네가 해주게, 내가 절차에 좀 더 익숙해질 때까지"라는 말을 했다. FBI의 국장은 그레이지만 일은 펠트가 다 한 것이었다. 후버는 1924년에 FBI의 창립 국장이 되어 48년 동안 재임했고 이 가운데 30년은 펠트도 FBI에 있었다. 국장은 신과 같은 존재였다. 그 자리가 낙하산을 타고 내려와 복도에 음식 냄새나 잔뜩 풍기는 팻 그레이에게 넘어간 것이었다. 펠트는 서류 작업의 약 10퍼센트만 그레이에게 보냈고 새 국장 대리는 그 정도도 버거워했다.

1972년 6월 17일 토요일 7A.M., FBI 야간 감독관에게는 윗선에 보고해야 할 심각한 사안이 있었다. 그 감독관은 자택에 있던 펠트에게 전화했다. 양복 차림의 남자 다섯이 주머니에 1백 달러짜리 지폐를 가득 넣고 도청장치를 운반하다가 워터게이트 사무실 빌딩에 있는 민주당 전국본부에서 2:30A.M.경에 체포되었다는 것이었다.

"그자들 대체 거기서 뭘 하고 있었던 건가?" 펠트는 물었다.

8:30A.M.까지 펠트는 FBI 본부에 머물며 야간 감독관에게 전화해 상황을 업데이트 받았다. "일이 복잡해지는 것

같습니다. 찾아뵙고 직접 말씀드리는 편이 나을 듯합니다."
야간 감독관은 그 남자들이 수술용 비닐장갑이나 고무장갑을 끼고 있었고 적어도 2천 3백 달러의 현금을 지니고 있었다고 했다. 그들은 전혀 입을 열지 않고 있었고 변호사를 부른 적이 없었는데도 보석 심리에 변호사가 왔다.

펠트는 말했다. "이 일은 온갖 정치적 파문을 일으킬 수 있어. 오늘은 언론이 종일 현장에 나가 있겠군." 그날 9A.M.에 워싱턴포스트의 사회부 에디터가 전화로 나를 깨우더니 워터게이트 건물에서 발생한 범상치 않은 침입 사건을 보도하라고 요청했다.

CHAPTER

5

The Secret Man

토요일 아침 나를 워싱턴포스트지로 소환한 그 전화는 많은 기자를 투입해 인간 탑을 쌓거나, 뉴욕타임스의 데스크가 한 말처럼 '현장을 뒤덮어' 버리는 일이었다. 보도 첫날에는 칼 번스타인을 포함한 여덟 명의 기자가 워터게이트를 커버했다. 에디터들은 참여하고자 하는 사람이면 누구든 환영했다. 지난 아홉 달 동안 경찰 담당 기자로 있던 나는 뛰어들 수 있는 상황이었다. 사회부 에디터들은 즉각 나를 현지 법정에 보내 다섯 침입자의 모두 진술을 보도하라고 시켰다. 법정에는 더글라스 캐디라는 쫙 빼입은 변호사 한 명이 와 있었는데 그냥 소송을 구경하러 왔을 뿐이라고 했다. 침입자 중 한 사람을 사교 모임에서 만났을 뿐이라고도 했다. 처음부터 상황은 아주 이상해 보였다.

  침입자 다섯이 줄지어 법정에 들어왔다. 전부 비즈니스 양복을 입고 벨트와 넥타이는 하지 않고 있었다. 그들은 한 줄로 앉아 긴장으로 손을 떨며 돌처럼 침묵하고 있었다. 미 연방 검사 얼 실버트는 그 다섯 명이 보석으로 풀려나선 안 된다는 주장을 폈다. 실버트는 하버드 법대를 졸업했고 극적인 프레젠테이션과 화려한 언변으로 '진주 얼'이라는 별명이 있었다. 그는 이 다섯 명이 가짜 이름을 댔으며 '2천 3백 달러를 현금으로 갖고 있었던 데다 해외 도주 가능성이 있다.'고 했다. 침입은 '전문적'으로 이뤄진 것이었으며 '은밀한' 의도가 있었음이 분명하다고 주장했다.

판사 제임스 A. 벨젠이 앞에 줄지어 선 그 다섯에게 직업을 물었다. 그중 한 사람이 '반공주의자'라고 하자 나머지도 동의한다는 듯 고개를 끄덕였다. 판사는 키도 가장 크고 나이도 많아 보이는 사람더러 앞으로 한 발 나오라고 했다. 무표정하고 진지한 사람인 제임스 매코드가 판사 앞으로 나왔다.

"직업이 뭐죠?" 판사가 물었다.

"보안 요원요." 매코드는 답했다.

"어디서요?"

매코드는 낮은 목소리로 정부 기관에서 최근 은퇴했다고 말했다. 판사와만 이야기하고 싶다는 강력한 메시지를 보낸 것이었다. 열린 법정이었으므로 나는 앞줄로 옮겨 가 방해가 안 되게 조심하며 말하는 사람들 쪽으로 최대한 몸을 기울였다.

"정부 어디서요?" 판사는 물었다.

"CIA요." 들릴락 말락 한 소리로 매코드가 말했다.

판사는 순간 움찔했다. 내 입에서 '맙소사'라는 말이 튀어나올 뻔했다. 1만 볼트짜리 전기에 감전된 느낌이었다. 나는 어안이 벙벙했다.

다음날 워싱턴포스트 1면 기사 첫 문단은 이렇게 시작되었다. '다섯 명 중 한 사람은 자신이 중앙 정보국, 즉 CIA의 전 직원이라고 했으며, 어제 2:30A.M. 관계자가 말한 것처럼 그들은 이곳 민주당 전국위원회 사무소를 도청하려던 중 체포되었다.'

그 기사는 다음과 같이 알렸다. '용의자들이 민주당 전국위원회 사무실을 도청하려던 이유, 혹은 다른 정부 기관을 위해 일한 것인지는 지금 당장은 알 수 없다.'

이 기사가 펠트의 질문을 반복하고 있었음을 나는 몰랐다. "그자들 대체 뭘 하고 있었던 건가?"

당시 닉슨 대통령은 여론 조사에서 19포인트 앞서고 있었고 닉슨은 그런 도청 같은 걸 실패하기에는 너무 똑똑해 보였다. 닉슨은 정치적으로 원하는 것을 얻기 위해서라면 물불을 가리지 않았고 속임수도 잘 썼으나 그가 범법자라는 증거는 없었다.

다음날인 일요일, 침입 사건을 후속 취재하고자 사무실에 온 사람은 칼과 나 둘뿐이었다. 우리는 둘 다 이혼한 처지라 처자식도 없었다. 연합 통신사는 닉슨 선거운동본부 지출 기록에 매코드가 재선위원회에서 급여를 받는 보안 요원으로 나온다고 했다. 우리는 여기저기 전화해서 얻은 매코드 관련 정보—종교적이고 가정을 중시하는 공군 예비역 중령, 속이 꽉 찬 직업 공무원, 명령을 따르는 자—를 이용해 고지식함의 극치인 매코드의 초상을 완성할 수 있었다. 칼과 나는 매코드가 재선위원회의 보안 코디네이터로 월급을 받고 일했다는 걸 확인하는 첫 기사를 함께 작성했다. 그 기사는 1면의 좌측 상단 구석에 실렸다.

자정이 지나 워싱턴포스트 경찰 담당 기자 유진 바친스키가 침입자 두 명의 수첩에 E. 하워드 헌트 2세의 전화번호가 있고 이름 옆에 'W. House' 및 'W.H'라고 작게 표기돼 있었다는 것을 알아냈다고 했다. 이 단서가 그 감질나는 'W. House'와 'W.H.'가 백악관을 뜻한다는 건 분명했다. 정부 조사기관에 있는 취재원이나 친구가 무궁무진한 가치를 발휘하는 순간이다. 나는 FBI에 전화를 걸어 비서를 통해 펠트에게 연락했다. 이 통화는 워터게이트에 대해 우리가 나눈 첫 번째 대화였다. 그는 사무실로 전화하는 걸 자기가 얼마나 싫어하는지 일깨워주면서도 그 침입 사건은 곧 '불붙게 될 것'이라면서 황급히 전화를 끊었다.

이튿날, 워터게이트 도청 기사를 쓰라고 뉴스 배정을 받았으나 내가 뭘 찾은 건지 여전히 확신이 없었다. 칼은 하루 휴가를 낸 상태였다. 나는 수화기를 들고 백악관 번호인 456-1414를 돌려 하워드 헌트를 바꿔달라고 했다. 그는 전화를 받지 않았으나 고맙게도 교환원이 닉슨의 특별 고문인 찰스 콜슨의 사무실에 헌트가 있을 수도 있다고 해주었다. 콜슨의 비서는 헌트가 그곳에 없고 홍보 회사에 있을지도 모른다고 했다. 나는 그 회사로 전화해 헌트를 찾았고, 헌트에게 워터게이트 침입자 두 명의 수첩에 그의 이름이 어찌 있느냐고 물었다.

"맙소사!" 이렇게 외치더니 헌트는 노코멘트라며 전화를 쾅 끊었다. 그가 바로 피신했다는 것은 나중에야 알게 됐다. 확실히 "맙소사"라는 말에는 당장 짐을 싸야겠다는 느낌이 있었고, 점점 늘어나고 있던 이상한 일들에 이것도 추가되었다.

그 홍보 회사 회장이었으며 상원의원인 로버트 F. 베넷에게 전화했다. "하워드가 CIA였다는 건 비밀 축에도 못 듭니다." 베넷은 무미건조하게 말했다. 그 말, CIA라는 말이 또 나왔다. CIA 대변인이 헌트가 1949년부터 1970년까지 정보국 소속이었다는 것을 공개 확인했다. 나는 FBI로 펠트에게 다시 전화했다. 그리고 콜슨, 백악관, CIA라고 말하면서 이게 무슨 뜻이냐고 물었다. 수첩에 사람 이름이 있을 수도 있는 거 아닌가. 나는 연좌제를 조심하고 싶었다.

펠트의 목소리엔 긴장이 역력했다. 오프더레코드라면서 헌트가 워터게이트 사건의 주요 용의자라고 말했다. 그러니 연관성을 보도하더라도 불공정한 일은 아니라고 했다. 결국 FBI는 헌트의 백악관 인사 파일을 검토해 그가 1년도 안 되는 기간에 콜슨을 위해 6백 시간이나 일했다는 사실을 알아냈다.

펠트의 확인은 기사의 신뢰성을 뒷받침해 줄 것이다. 유진 바친스키와 내가 워싱턴포스트 1면에 쓴 기사의 제목은 '백악관 고문, 도청 용의자와 연관됨'이었다. 백악관 공보 담당 비서관 로널드 L. 지글러는 '특정 요인으로 인하여 이 사건이 있는 그대로의 사실 너머로 확대되려 한다.'면서 워터게이트를 '삼류 침입 사건'이라서 추가 논평할 가치조차 없다고 했다. 2년이 넘게 지난 뒤에야 닉슨에게 사임을 강제하게 된 명백한 증거인 녹음테이프에서 1972년 6월 23일에 대통령이 국가 보안을 들먹이며 FBI의 워터게이트 수사를 중단시키라고 CIA에 명령했다는 게 밝혀졌다.

1972년 6월 24일 토요일, 사건이 있은 지 일주일 만에 그레이는 워싱턴 현장 사무소와 워터게이트를 조사 중인 26명의 요원들에게 '수다쟁이' 때문에 이게 무슨 고생이냐고 비난했다. 나중에 그레이는 '나는 요원들 등에 말 그대로 운동화 신은 발을 올린다.'고 했을 정도였다.

펠트는 회고록에 이렇게 썼다. "그러나 정보 유출은 계속되었고 워싱턴포스트의 우드워드와 번스타인 팀은 종종 해당 정보를 FBI에서 얻은 지 불과 몇 시간도 지나지 않아 보도하기도 했다. 백악관은 격노하였고 에일리크먼은 그레이를 질책하면서 정보 유출은 중단되어야 한다고 말했다." 조사팀, 즉 폭력단이 파견돼 요원들을 전부 심문했고 그런 다음 부국장이 그들에게 진실만을 말할 것을 맹세하게 한 뒤 다그쳤다. 존 딘이 펠트에게 전화해 정보유출자의 입을 막을 새로운 방침을 요구했지만 이를 거부했다. 펠트는 위험한 게임을 하고 있었으며 그 위험은 점점 커져만 갔다.

닉슨의 지시로 CIA는 FBI가 마누엘 오가리오라는 변호사가 인출한 8만 9천 달러의 멕시코 수표를 추적하던 것을 중단시켰다. 그 수표는 워터게이트 침입자 중 한 사람인 버나드 바커의 마이애미 은행 계좌로 입금된 것이었다.

7월 5일 펠트는 그레이에게 항의하려고 그와 약속을 잡았다. "FBI의 평판이 걸린 문제입니다…. 오가리오 심문을 더 연기해서는 안 됩니다! CIA 국장 리처드 헬름스가 오가리오 심문을 포기하라고 서면으로 요청하지 않는 한 어쨌든

우린 밀고 나갈 겁니다!"

펠트가 그렇게 말한 것은 거의 반란에 가까운 일이었다. 후버 앞이었으면 절대 그러지 않았을 것이다. 수사를 침입자 다섯 명과 헌트와 리디로만 제한할 수는 없냐고 그레이가 묻자 펠트는 말했다. "이 일곱 명보다 훨씬 더 높은 선까지 갈 거라고 확신합니다. 이 자들은 졸입니다. 이들을 움직이는 자를 원하는 겁니다!"

칼은 7월 말에 돈을 추적하려고 다른 침입자 넷의 고향인 마이애미로 갔다. 칼은 현지 검사와 수석 조사관을 추적했는데 그들에겐 오가리오가 끊은 8만 9천 달러의 멕시코 수표와 바커의 계좌로 입금됐던 2만 5천 달러짜리 수표의 사본이 있었다. 우리는 그 2만 5천 달러짜리 수표가 닉슨의 전 상무장관이었고 대통령 수석 기금 조성자인 모리스 H. 스탠스에게 플로리다의 어느 골프 코스에서 건네진 선거자금이었음을 확인할 수 있었다. 8월 1일 기사는 처음으로 닉슨 선거자금을 워터게이트와 직접 연관시켰다.

나는 통화를 시도했으나 펠트는 전화를 받지 않았다. 그래서 밤에 버지니아 교외에 있는 그의 집으로 찾아갔다. 그 집은 바닐라 색이 칠해져 있고 완벽히 관리된 저택이었다. 그가 언제 폭발할지 모른다고 생각했다. 펠트는 침입자들과 닉슨의 선거자금을 연계한 기사를 읽고서 들떠 있기도 했으나 내가 와 있다는 사실을 두려워하는 것처럼도 보였다. 그만 전화하라고, 집에도 그만 찾아오고, 공공장소에서는 이제 그 무엇도 안 된다고 그는 말했다.

워터게이트는 엄청난 특종임이 분명했다. 아연실색하는 펠트의 모습에서 그 확신은 더더욱 커졌다. 나는 백악관과 국장 대리 그레이의 방해와 지연책에 대해서는 전혀 몰랐으나, 분명 뭔가 있었다.

펠트가 처음에는 FBI의 첩보 공작의 일반 사건 업무에 배정받았었단 것을 그 당시는 몰랐다. 2차 세계대전 중 그는 독일 스파이작전에 대해 굉장히 많이 배웠다. 훗날 펠트가 회고록 〈FBI 피라미드〉에서 말했듯이 어느 고위급 요원이 막시밀리안 G. W. 오트머라는 나치 동조자에 관한 4권짜리 파일을 펠트에게 넘겼다. 그는 그 파일들을 연구했다. 파일에는 오트머가 진통제 피라미돈을 처방해 달라고 애걸했다는 걸 트렌턴의 어느 치과의사가 무심코 알려줬다고도 돼 있었다. 2차 세계대전 당시 독일 국방군 최고 사령부의 외국 첩보국이던 아프베어 요원들이 비밀 잉크를 만드는 데 피라미돈을 쓴다는 것을 펠트는 알고 있었다. 펠트는 완전한 수사를 권했다. 오트머는 곧 비밀 잉크 메시지를 이탈리

아 밀라노의 우편물 투입구 R.A. 홈버리, 46 비아 그란 사사로 보내고 있었음을 자백했다. 같은 우편물 투입구를 이용하는 다른 스파이 용의자 두 명도 찾아냈다. 오트머는 아프베어의 핵심 스파이였으며 미 해군 준비상황의 자세한 사항을 제공하고 있었다는 것이 확인됐다. 그는 일상적이고 단순한 문자에 메시지를 넣는 비밀 암호 책을 공개했다. '미시즈(Mrs.)'는 수송대를 뜻했고, 이름 첫 글자가 A이면 10척 미만의 수송대를, B이면 10척에서 20척의 범선을, C이면 20척에서 30척을 뜻했다. 여행 가방은 구축함을 뜻하는 것이었다.

펠트는 중요 사건 데스크로 승진했고 거기서 1밀리미터 크기의 사진에 감춰진 메시지를 해독하고 적군에게 가짜 데이터를 제공하면서 '농부'라는 코드명으로 이중간첩 공작을 했다. 전쟁이 끝난 뒤에는 소련 스파이 기구를 상대로 일하도록 배정받고 스파이 공작을 감시하며 거리를 돌아다녔다. 시애틀에 배치된 러시아 해군 장교 니콜라이 레딘을 감시하는 일은 쉽지 않았다. 그가 좌회전이 금지된 곳에서 좌회전하고 역추적을 하고 미팅 장소와 은닉처를 옮겨 다니는 동안 펠트는 인내심 있게 감시했다.

1972년 여름 펠트는 아무도 우리를 관찰하지 못할 장소에서 만나서 얘기해야 할 거라고 했다. 어떤 방식이든 상관없다고 말했다. 미리 정해둔 통지 시스템이 필요할 것이라고, 이것은 다른 그 누구도 알아채서는 안된다고 했다. 나는 그가 무슨 말을 하는 건지 알 수 없었다. 평소 아파트 커튼을 닫아 둔다면 커튼을 열었을 때 그게 신호가 될 거라고도 했다. 이를테면 커튼이 열려 있으면 그 날밤 우리가 미리 정해둔 장소에서 만날 수 있다고 했다.

그는 다른 신호가 필요하다고 했는데 나는 가로세로 10센티미터가 안 되는 빨간 헝겊 깃발이 있다고 했다. 화물트럭에 쓰이는 깃발로 여자친구가 거리에서 주운 것이었다. 그녀는 내 아파트 발코니 빈 화분에 그 깃발을 꽂아놓았다. 긴급히 만나야 한다면 깃발 든 화분을 내가 발코니 뒤쪽으로 옮겨 놓기로 합의했는데, 중요한 일일 때만 해야 한다고 그가 엄중히 말했다. 그 신호는 같은 날(2A.M.)에 버지니아(로슬린)의 키 브리지 건너 지하 차고 맨 아래층에서 만난다는 뜻이었다. 차고는 대형 고층 건물인 1401 윌슨 블루바드 뒷면 아래쪽에 있었다. 그 차고의 입구는 이제 1820 노스 내쉬 스트리트다. 로슬린은 포토맥 강의 버지니아 측에 있었고 사무실 건물과 호텔이 가득 들어선 지역이었으며 알링턴 국립묘지와 국방부 바로 북쪽이었다.

"알겠습니다." 나는 말했다.

대감시 기술을 엄격히 준수해야 한다고 펠트는 말했다. 그게 어떤 기술이냐고 물었다.

"아파트에서 어떻게 나왔나?"

"걸어 나와서 복도를 내려가 엘리베이터를 탔습니다."

"그러면 로비로 나오나?" 그가 물었다.

"예."

"아파트 건물에 뒤쪽으로 통하는 계단이 있나?"

"예."

"미팅하러 나올 때는 그 계단을 이용하게. 그 계단이 골목 안으로 이어지나?"

"예."

"골목으로 가게. 자네 차를 이용하진 말고. 택시를 타고 호텔에서 몇 블록 떨어진 지점까지. 그런 데는 자정 넘어서도 택시가 다니니까. 내린 다음 걸어가서 두 번째 택시를 타고 로슬린으로 가게. 주차장에 다 가서 내리지 말고 마지막 몇 블록은 걸어가. 미행당하는 것 같으면 차고로 내려가지 말게. 자네가 오지 않아도 이해하겠네."

이건 무슨 강의 같았다. 핵심은 필요한 만큼 시간을 들이는 것, 그곳까지 가는 데 한두 시간 정도를 들이는 것이었다. "인내심을 갖고 차분함을 유지하게. 미리 정한 사항을 신뢰하게. 예비 장소나 시간은 없네. 한쪽이 오지 않으면 미팅은 없는 걸세." 그는 말했다.

그는 내 일상, 내 아파트로 오는 것, 우편함 등에 대해 질문했다. 워싱턴포스트는 우리 아파트 문밖에 배달되었다. 아파트 건물에 사는 수많은 사람처럼 나도 뉴욕타임스를 구독하고 있었다. 우리집은 617호였고 각 신문의 옆에는 마커펜으로 잘 보이게 호수가 적혔다.

중요한 일이 생기면 자신이 우리집에 배달될 뉴욕타임스에 접근할 수 있다고 펠트는 말했다. 어떻게 그러는지는 알지 못했다. 20페이지에 동그라미가 그려져 있고 페이지 아랫단에 시곗바늘이 그려져 있으면 그날 밤 로슬린 차고에서 만날 시간을 일러주는 것이며 2A.M.일 것이었다. 그와 나의 관계는 신뢰 협정과도 같았다. 그 일에 관한 한 아무와도 상의하거나 공유해서는 안 된다고 그는 말했다.

그런 사전 주의사항은 처음 들어봤다. 월리스 암살 미수 보도를 도와주며 그는 나에게 FBI 내부로 통하는 진짜 도관을 주었다. 그의 요청에 응할 의향이 얼마든지 있었다. 그는 이 문제를 나보다 더 진지하게 받아들이고 있었다. 그가 제공할 수 있는 정보는 소위 '딥 백그라운드' 상의 정보였다. 정보를 신뢰할 수 있거나 확인할 수 있다면 그 정보를 이용해도 되지만 취재원은 인용하지 않는 것이었다. FBI 취재원뿐만 아니라, 법무부나 행정부 취재원도 마찬가지였다. 특정 코멘트를 추적해 취재원이 누구인지 밝혀내지 못하도록 하는 것이었다. 그는 FBI 수사나 파일에서 나오는 정보를 주진 않을 거라고 말했다. 요령은 그를 방어벽으로 삼거나 다른 데서 수집한 정보와 결론에 이차 취재원으로 활용하는 것이었다. 그는 나를 일련의 생산적인 질문으로 이끌어줄 수 있었다. 분명히 말해 펠트는 최대한 거리를 두고 칼과 내가 쓰던 기사와의 연관성을 완전히 부인할 수 있기를 원했다.

노스웨스트 스트리트 1718의 웹스터 하우스라 불리던 우리 아파트 건물 뒤쪽은 지금도 그렇지만 벽이나 담장에 가려지지 않았다. 누구든 뒤쪽 골목으로 차를 몰고 와 우리집 발코니를 관찰할 수 있었다. 게다가 우리집 발코니와 아파트 단지 뒤편은 그 지역의 다른 많은 아파트나 사무실 건물과 공유하는 마당이나 뜰을 마주하고 있었다. 우리집 발코니가 보일 수 있는 아파트나 사무실은 열 군데도 넘었다.

그 지역에는 외국 대사관도 많았다. 이라크 대사관이 18번가와 P 스트리트로 내려가면 있었고, 따라서 그 지역에

FBI가 감시 초소를 뒀을 가능성도 있었다. 첩보 요원들에게 펠트가 우리집 깃발과 화분 상태를 보고하라고 시켰을까? 그 일을 그가 어떻게 한 것인지, 매일 확인할 의도가 있었는지, 실제로 매일 확인했는지는 알 도리가 없다. 칼과 나는 닉슨 재선위원회에서 일한 사람들 전체 목록을 입수해 종종 한밤중에 이들의 대문을 두드리며 인터뷰를 시도하고 있었다. 나는 펠트에게 우리가 여러 차례 문전박대당했다고 설명했다. 겁먹은 모습도 많이 봤다. 확실히 닉슨의 사람들은 기자에게 위협을 느끼고 있었다. 나는 절망했다.

　자신을 밀어붙인 일은 걱정할 필요 없다고 펠트는 말했다. 그도 사람들을 면담하러 다니던 시절이 있었다고 했다. FBI 또한 언론과 마찬가지로 사람들의 자발적인 협조에 기대야 했다. 대부분 협조했지만 FBI는 거절당하는 데도 익숙했다. 일례로 하워드 헌트는 변호사를 고용했고 그 변호사가 법 집행 기관과 관련된 일은 그 무엇도 FBI에 말하지 말라고 조언했다고 했다. 헌트는 FBI에 자기 변호사 이름도 말해주지 않았다고 펠트는 말했다.

　강하게 밀어붙여 얻은 성과가 자신의 경력에도 잘 드러난다고 언젠가 그는 말했다. 분명 후버와 미팅한 일이 상황을 바꿨다. 그는 결국 뉴올리언스의 현장 사무소 담당 특별 수사관 보좌가 되었으며 결국 마피아가 득실대는 라스베이거스의 솔트레이크시티 담당 특별 수사관으로 승진했다. 내게 펠트가 주는 메시지는 통상적인 것이 아니었다. 그는 나를 공감하며 자신에게 무례하게 굴어도 괜찮다고 격려하고 있었다.

1972년 9월 1일 워싱턴포스트 기사 때문에 워터게이트 담당 연방 검사 얼 실버트가 '사무실에 숨겨진 도청장치를 싹쓸이하고 연방 대배심의 영역도 마찬가지로 싹쓸이하라.'고 FBI에 요청했다는 것을 알게 됐다. 펠트의 'F'가 있었으니 당시 그가 그 메모를 보았다는 뜻이었다. 싹쓸이는 9월 5일에 이루어졌는데 도청장치는 하나도 발견되지 않았다.

CHAPTER

6

The Secret Man

9월 15일에 연방 대배심이 헌트와 리디 그리고 다섯 명의 워터게이트 침입자를 기소했다. 소위 고위층은 입건되거나 언급되지 않았다. 암울했다. 우리는 실버트가 뭔가 새로운 걸 알아냈기를 바랐다. 칼과 나는 닉슨 재선위원회의 비자금을 조사하고 있었다. 닉슨 재선위원회가 워터게이트 작전에 자금을 댔고 전직 법무장관 존 미첼의 보좌관들이 돈을 관리했다고 확신했다. 기소 다음날 규칙을 깨고 펠트에게 전화했다. 칼과 나는 닉슨 선거운동본부 고위급 관료들이 워터게이트 침입 자금 조달과 어떤 관련이 있는지에 관한 기사의 초고를 써놓은 상태였다.

놀랍게도 이렇게 말했다. "너무 약해. 훨씬 세게 가도 돼." 펠트는 재촉했다. 작전 당 3십만 달러였던 자금을 관리한 사람 중에 미첼의 수석 보좌관들도 있다고 펠트는 말했다. 칼과 나는 부족한 디테일을 기반으로 기사를 썼으나 워터게이트 사건 기소가 음모를 밝혀내지 못했다는 인상만 주었다.

칼은 닉슨 선거운동 본부의 회계 장부 담당자였던 주디 호백을 추적했는데, 여기서 다량의 현금이 인출됐다고 증언했다. 선거운동본부 고위급 관료 젭 스튜어트 매그루더와 바트 포터가 모두 비자금에서 나온 총 5만 달러 이상을 현금으로 받았다고 그녀는 말했다. 기삿거리로 충분하긴 했으나 확인이 필요했다. 또다시 규칙을 깨고 일요일 오후에 펠트의 집에 전화했다. 나는 당시 절박했고 그가 전화하지 말라고는 했어도 한편으로 끈질긴 태도를 좋아한다는 것도 알았다. 무슨 일이 있어도 밀어붙인다는 더 큰 원칙에 따라 행동한 것이었다. 내 목소리를 듣고서도 오랫동안 아무 말이 없었다. "이번이 마지막 통화여야 하네." 그는 화를 내면서 말했다. 그가 매그루더와 포터에게 현금이 지급되었다고 확인해주고 돈의 흐름이 중요하다고 지적했다. 이 말이 나중에 줄임말로 '돈을 따르라.'는 슬로건이 되었으나 아무리 기억을 더듬어 봐도 이 말은 결코 그가 한 말이 아니었다.

FBI가 7월 18일에 호백을 심문한 내용을 10쪽으로 요약한 메모 3쪽에서 포터와 매그루더에게 현금이 지출됐다고 한 부분을 찾았다. 침입 사건으로부터 20년 뒤 FBI 본부에서 말이다. 하지만 그날 그 대화에서 펠트가 한 말로 볼 때 그는 겁에 질려 있었다. 예전의 유머 감각을 조금이나마 되찾고서야 이렇게 말했다. "때가 되어 상황이 만개하면 자네가 볼 수 있게 기꺼이 내놓는 것으로 하지." 내 전화를 더는 받고 싶지 않다고 재차 말했다. 전화가 그를 곤란하게 만드는 게 분명했다. 하지만 이 와중에 분명 좋은 일도 있다고 그는 지적했다. 모든 것이 무너져 내리기 직전이었다.

펠트는 자신에게 꼭 연락해야 한다면 사무실로 전화해서 그냥 아무 말이나 중얼거리거나 다른 사람을 찾으라고 모순되어 보이는 말을 했다. 자신은 내 목소리를 알아들을 테니 그날 밤 차고에서 만나자는 것이었다.

그 기사가 나오기 전날인 그 일요일 오후에 매그루더에게 연락했다. 매그루더는 닉슨 재선위원회의 2인자였으며 그 전에는 백악관 공보 담당 차장이었다. 그는 5만 달러를 받은 것을 딱 잘라 부인하며 "당사자 전원이 부정확하다고 합의한 내용이다."라고 했다. 하지만 대화 중 그의 목소리는 떨렸다.

9월 말에 칼과 나는 닉슨 재선 캠프의 회계담당자였던 휴 슬로언을 인터뷰했다. 우리는 그 비자금과 지출을 미첼이 관리했다고 보도했다. 칼이 미첼에게 전화했을 때 전직 법무장관 미첼은 이렇게 말했다. "그 내용이 발행된다면 케이티 그레이엄의 젖꼭지를 탈수기로 짜버릴 테니 그리 알아." 그 기사는 발행됐고 우리는 더 날카롭게 돈의 흐름에 집중했다.

워터게이트 말고 또 어디에 쓸 돈이란 말인가? 칼과 내가 보도한 기사 때문에 포스트의 고정 법무부 기자 샌디 엉거가 W. 마크 펠트라는 이름의 FBI 부국장을 인터뷰해서 우리를 도와줄 수 있는지 물어보았다. 엉거는 내가 FBI로 전화해서 펠트를 찾아야 한다고 했는데 내 전화를 펠트가 기다린다는 뜻 같았다.

나는 너무나 초조했다. 무슨 일이지? 일종의 함정? 주어진 선택지로 보아 펠트의 사무실로 전화하는 게 최선일 듯했다. 펠트의 비서를 통해 인터뷰 일정을 잡았던 것 같다. 어찌할 바를 모르던 나는 인터뷰하러 가는 게 최선이라고 생각했다.

사무실에 도착하자 펠트는 책상에 앉아 있었다. 보좌관이 함께 자리하고 있었다. 나는 일부 사안을 확인해주었으면 한다고 말했다. 그 사안이 무엇이었는지도 기억이 안 난다. 펠트는 적절하게 행동했다. 다시 말해 어떤 질문에도 대답하려 들지 않았다. 나는 눈이 팽팽 돌고 있었다. 아무리 입을 꽉 다문 사람과 인터뷰를 하더라도 기자는 뭐 하나라도 건지는 법이다. 그렇게 한 마디도 안 나온 적은 없었다. 노트에 내가 뭘 적기나 했는지도 모르겠다. 펠트는 1979년에 자신의 책에서 그가 나를 도운 일이 결코 없었다는 증거로 그 일을 언급했다.

1972년 9월 말에 누군가 칼에게 전화해서 테네시 주 법무부 보좌관인 알렉스 쉬플리가 민주당 대선 후보들에게 방해 공작을 하라고 지시했다고 말했다. 칼이 전화하자 쉬플리는 이 내용을 확인해주었다. 결국에 칼은 그런 활동을 수행하라는 요청을 도널드 H. 세그레티로부터 받은 세 명의 변호사를 찾아냈다.

이상한 일이었다. 세그레티가 워터게이트 수사에서 FBI의 심문을 받았는데 무슨 관계가 있었던 건지는 분명하지 않았다. 칼은 세그레티가 더러운 책략을 수행할 사람을 모집하려고 했다는 기사를 쓰고 싶어 했는데 디테일이 부족해 보였다. 그 더러운 책략의 범위나 목적이 무엇이란 말인가? 워싱턴으로 돌아가 '마이 프렌드'에게 연락해 보기로 했다. '마이 프렌드(My Friend)'는 마크 펠트에게 내가 붙인 암호였다. 우리 인터뷰를 타이핑한 메모의 맨 위에 나는 'X'나 'M.F.'라고 표시했다. '마이 프렌드'를 상징하는 것이었으나 물론 마크 펠트의 이니셜이기도 했다. 하지만 펠트의 신원을 보호할 일급 첩보 기술과는 거리가 먼 것이었다.

나는 밤 비행기를 잡아타고 워싱턴으로 돌아갔다. 백악관의 계속되는 수사 지연과 방해 공작으로 인해 펠트가 일주일 동안 힘들었다는 것은 몇 년 뒤에야 알게 되었다. 존 딘이나 다른 백악관 변호사나 닉슨 재선위원회의 변호사가 FBI 심문 중에 들어와 앉아 있으면서 으름장을 놓았다. 펠트에게 최악이었던 일은 FBI 수사 내용 그대로 담은 302 양식 심문보고서와 텔레타이프를 넘기라는 딘의 요구를 그레이가 묵인한 것이었다. 1972년 10월 2일, 그레이는 보고서를 열 건도 넘게 딘에게 넘겼는데, 수사 파일을 심문 대상이 될 수도 있는 측과 공유한 전무후무한 일이었다.

비행기가 착륙하자 펠트의 집으로 전화를 걸어서 뭔가 아무 말이나 중얼거렸다. 내 목소리를 알아듣는 것 같았다. 그는 "오케이", 비슷한 말을 했고, 나는 그 말을 차고에서 만날 수 있다는 뜻으로 나는 받아들였다. 호텔로 가는 택시를 탔고 십분 이상 기다렸다가 두 번째 택시를 타고 로슬린으로 갔다. 그 미팅의 은밀함에 넌더리가 나기도 했고 동시에 흥분되기도 했다. 내게 이런 일은 처음 있는 일이었다. 게다가 그런 늦은 밤에는 꽤 무서웠다. 나는 건물을 찾아 아래로 내려가 지하 차고 맨 아래층으로 갔다. 펠트는 먼저 와 기다리고 있었다. 담배에 불을 붙인 채였다. 그가 원래 애연가였는지 아니면 순간 너무 긴장돼 담배를 피운 것인지 알지 못했다. 그는 훗날 자신이 1943년에 담배를 끊었다고 주장했으나 끊었다가도 극도의 스트레스를 받아 다시 피우는 사람은 내 주변에 많았다. 평상시 그는 잘 빗은 회색 더벅머리에 교활하고 우쭐거리는 미소로 꽤 멋지고 당당해 보였다. 하지만 그날 밤 그는 수척해 보였고 불빛 아래 그의 눈은 충혈돼 있었다.

그는 내가 반가운 듯했다. 결국 이 지하 차고 여우굴에는 우리 둘뿐이었으니까. 누가 함께 있게 된 것이 반가웠을 것이다. 우리가 있던 층은 주차하는 일이 거의 없었으므로 무섭고 외로운 장소였다. 펠트는 총이 있었을 테지만 나는 총도 없었다. "워터게이트 매듭을 풀 방법이 있어. 새로운 이름은 알려줄 수도 없고 알려주지도 않겠지만 모든 것이 '공격적 보안(Offensive Security)'이라는 방향을 가리키고 있어."

이 '공격적 보안'이라는 말은 중요한 말이었지만, 결코 다시 쓰인 적이 없었으며 워터게이트 수사에 또 나온 일도 없었다. 수십 년 뒤에 펠트가 내게 말한 걸 전부 검토하며 보니 그는 상당 부분에서 틀리기도 했던 것 같다.

"기억하게, 심문을 1천 5백 건이나 했는데 침입 사건 하나 말고 건진 게 없다는 건 말도 안 되네." FBI에서 워터게이트를 수사하며 지금까지 수행한 심문 횟수를 말한 것이었는데, 이거야말로 워터게이트 수사가 철저히 이행된 증거라고 백악관은 광고했다.

"미첼이 관련돼 있었어." 펠트는 말했다. 거기엔 의심의 여지가 없었다. 펠트는 닉슨의 정책 자문관 존 에일리크먼이 하워드 헌트에게 여기를 떠나라고 명령했다고 했다. 나는 그 말이 믿기지 않았다. 에일리크먼의 지문은 워터게이트나 다른 작전에서 아직 나오기 전이었다.

불법 활동과 더러운 책략의 범위는 광범위하다면서 펠트는 우리가 단서를 하나하나 확인해야 한다고 덧붙였다. "지금부터 크리스마스까지, 아니면 그 훨씬 뒤까지 기사를 쓸 수도 있어."

나는 세그레티에 대해 물었다.

펠트는 구체적인 대답은 피했다. 하지만 모든 게 안으로 묶여 있었다. "지금 내가 하는 말만 기억해. 모든 게 빙산의 일각에 불과하네…. 이건 그냥 하는 말이 아닐세." 이어서 미첼에 대해 말했다. "그자는 워터게이트 이후 열흘 동안 분명 뭔가 깨달았어." 펠트는 이 일이 전부 밝혀지면 정부를 무너뜨릴 수도 있다고 했다. 미첼은 자신이 망했다는 걸 깨달은 것이었다.

미첼은 다음 해 상원 워터게이트 위원회 앞에서 증언할 때가 돼서야 소위 '백악관 공포'라 불렀던 추가적인 불법 공작 사실에 관해 알게 됐다고 했다. 펠트는 작전의 깊이를 강조했다. 일리노이, 뉴욕, 뉴햄프셔, 매사추세츠, 캘리포니아, 텍사스, 플로리다, 워싱턴 D.C.에서 벌어진 더러운 책략에 대해 안다고 말했다. 누출을 막으려던 하워드 헌트의 작전은? "그 작전은 신문사로의 유출을 확인하려던 것일 뿐 아니라, 언론에 대한 구실을 만들어내려던 때도 있었네."라고 말했다. 1963년, 남베트남 정치 지도자이자 베트남 공화국 대통령이었던 응오딘디엠의 암살을 케네디 대통령의 소행으로 꾸며내려고 헌트가 기밀 전보를 바꿔치기했다는 사실이 밝혀지기 얼마 전이었을 것이다.

이야기가 길어져 결국 더러운 차고 바닥에 앉았다. "이 모든 일의 배후는 백악관이었단 말인가요?" 한 번 더 압박하며 내가 물었다. "당연하지, 당연하다고, 내 말 못 알아듣겠나?" 그는 몹시 화를 내더니 일어섰다. 그러고는 갑자기 입을 꾹 다물었다. 나는 결국 그의 팔을 움켜잡고 지금 우리는 진짜 정보, 새로운 정보는 하나도 넘기지 않는 척하면서 허튼소리만 늘어놓는 겁쟁이처럼 굴고 있다고 했다. 물론 그는 진짜 정보, 새로운 정보를 주고 있었다.

"좋아. 이건 아주 중대한 일일세." 그는 말했다. 세그레티만 작전을 수행한 게 아니었다. "백악관과 재선위원회를 위해 첩보 활동을 하고 방해 공작을 한 자가 50명은 된다고 봐도 무방하네. 그중 일부 작전은 믿기 어려운 방식으로, 상상할 수 있는 수단은 전부 동원해 상대방을 공격한 작전이었네. 일부는 자네도 이미 아는 일이고."

백악관과 재선위원회가 쓴 전략에 관해 칼과 내가 다른 사람들로부터 수집한 목록을—도청, 미행, 가짜 정보 언론에 누설, 위조 서신, 선거 유세 취소, 캠페인 근로자의 사생활 조사, 스파이 심어놓기, 문서 훔치기, 정치적 시위에 선동가 심어놓기 등—내가 나열하는 동안 그는 고개를 끄덕여서 확인해주었다.

그다음 펠트는 생각할 수조차 없는 말을 입밖에 내며 중대한 선을 넘었다. "모든 게 파일에 들어있네." 지금까지 그 파일은 언급해서도 안 되는 것이었다. "법무부와 FBI는 후속 수사가 없었는데도 그 일에 대해 알고 있네." 워터게이트 수사는 6월 17일 발생한 침입과 도청 작전에만 국한돼 있었다. 그런데 저밖에 방해 공작원이나 스파이가 50명 정도 더 있다고? "50명보다 많다고 봐도 무방하네." 펠트가 반복했다. 그는 피곤함을 넘어 욕지기가 나는 듯했다. 6A.M.이 다 된 시각이었다. 나는 집으로 가서 몇 시간 자고 포스트에 갔다. 공책에 메모하지 않았기 때문에 3쪽짜리 메모를 타자로 쳐서 칼과 에디터들과 공유했다.

30년이 지나 그 메모를 다시 검토해봤는데, 딥스로트가 FBI에 있다는 사실이 드러날까 봐 포스트나 〈모두가 대통령의 사람들〉에 쓰지 않은 것이었다. 그날 밤 차고에서 펠트는 워터게이트 및 관련 활동의 특징을 담은 FBI 보고서 전체를 합친 적은 없었는데 '그레이의 책상에서만큼은 예외였으며 우리는 그게 마음에 들지 않는다.'고 했다. 정부에 있는 누군가가 우리 취재원을 찾으려고 워싱턴포스트를 고소할 작정이라고도 덧붙였다. 그는 ITT 스캔들을 참고로 언급하기도 했다. 미팅 막바지에 펠트는 이렇게 말했다. "내가 한 그 어떤 말도 '한 마디도' 신문에 인용하지 말게…. 자네에게만 백그라운드로 말해주는 걸세." 메모 마지막 줄에는 펠트에게 문서 접근권이 있었다는 게 분명히 드러나 있다. 그 마지막 줄은 이렇게 돼 있었다. "문서 없음: '이 사건에 문서는 절대 첨부하지 않을 것이다.'"

우리는 가장 중요한 보도 자료를 손에 넣은 것인지도 몰랐다. 칼은 그 단서를 다음과 같이 타자로 쳤다. '워터게이트 도청 사건이 닉슨 대통령 재선을 위해 백악관과 대통령재선위원회 관료들이 직접 수행한 막대한 정치적 첩보 활동과 대대적인 방해 공작에서 기인한 것임을 FBI 요원들이 확인했다.

'그 활동들은 FBI와 법무부 파일의 정보에 따르면 민주당의 대선 출마자 전체를 겨냥한 것이었으며, 1971년 이후 닉슨의 재선 시도의 기본 전략을 보여주었다.' 매우 공격적이면서 해석의 여지가 있는 언어였다. 그런 말이 FBI 파일에 있었다는 선언을 펠트라면 반박할 거라는 것을 나는 알았다. 아주 많은 내용이 그에게서 나온 것이었다. 세그레티는 18번째 문단까지 언급도 안 되었고 '닉슨의 지하 공작원 50인'에 대한 디테일은 19번째 문단에 있었다.

이 기사는 1972년 10월 10일 머리기사로 출고됐는데 4열 2행의 표제하에 일면 상단에 올라갔다. '닉슨 보좌진이 민주당을 상대로 방해 공작, FBI가 밝혀내다.' 닉슨 선거운동 본부의 논평은 간단했다. "워싱턴포스트의 이 기사는 허구일 뿐 아니라 황당무계한 말만 모아 놓은 것이다."

우리가 낸 첫 에디션이 나온 11P.M. 경에 뉴욕타임스 워싱턴 지국은 고군분투 중이었다. 몇 시간 이내로 타임스의 기자들이 세그레티가 모집하려 했던 세 명의 변호사에게 연락을 취했다. 타임스가 낸 1면 맨 아래 기사는 닉슨이 전국적으로 운영하고 자금을 조달한 첩보 활동과 방해 공작에 대해 워싱턴포스트가 제기한 혐의를 요약한 것이었다.

선거일이 한 달도 채 남지 않았었다. 백악관에서는 공보비서 론 지글러가 우리 기사에 답하기 위한 반 시간짜리 브리핑 중에 29번이나 답변을 거부했다. 되려 놀라운 일은 FBI의 공식 논평이 없었다는 거였다. 기사는 표제에 'FBI가 밝혀내다….'라고 명명되어 있었고 본문에서도 FBI가 '확인했다….'라고 되어 있어 명백히 FBI에 초점을 맞춰 결론 내리고 있었다.

그 뒤로 내가 검토한 FBI 파일은 1972년 여름에 FBI가 세그레티와 그 외 활동에 관련된 다른 사람들을(최고위급 백악관 보좌관을 포함하여) 심문했다는 것을 보여준다. FBI는 세그레티의 활동이 기본적으로 정치적 '공격'이었다는 결론하에 접근했다. 우리 기사가 나오고 이틀 뒤 FBI 본부 임원 디제이 돌비가 펠트에게 세 쪽짜리 메모를 보내 이렇게 말했다. '세그레티가 연방의 여러 법을 위반했음이 밝혀지더라도 놀랄 일은 아니지만, 이번 사건을 결론 짓도록 허가하기에는 밝혀진 사실이 너무 적다.' 펠트가 보기에는 이미 결론이 나온 것이었으나 수사를 확대할 수 없을 것으로 보이자 대신 내게 말하기로 한 것이었다.

법무부 최고위급 임원들은 수사의 확대를 원치 않았다. 1973년 3월 21일로 된 어느 FBI 메모에 그 시점에 워터게이트 수사를 진행 중이던 연방 검사 얼 실버트가 '이 (세그레티와 같은) 자들의 활동이 정치적이라는 것과 이들이 워터게이트 음모와 관련이 없다는 것에 만족했다.'고 돼 있었다. 법무부에서 형사과를 담당하며 실버트와 함께 워터게이트 수사 감독을 책임진 법무부 보좌관 헨리 E. 피터슨은 이 메모 및 다른 메모들에 동의했다.

워싱턴포스트 기사가 나오고 불과 8일이 지난 1972년 10월 18일, FBI의 회계 및 사기 담당 부서 수석 찰스 볼츠는 형사과 수장에 대한 메모에 이렇게 썼다. '피터슨은 세그레티에 대한 FBI의 수사 범위 그리고 세그레티가 정치 공격 활동을 수행 및 지원할 인력을 모집하려 했던 혐의에 대해서도 안다고 했다. 피터슨은 세그레티의 활동에 연방 법 위반 사실이 없으며, 따라서 세그레티에 대한 FBI의 이번 추가 수사 요청에 대한 근거가 전혀 없다고 진술했다.' 세그레티를 비롯한 많은 사람은 추후 특수 검사가 워터게이트의 전모를 수사했을 때 징역형을 받았다.

10월 10일 세그레티의 방해 공작 보도가 나가고 난 주말, 칼과 나는 닉슨의 보좌관 드와이트 채핀이 선거운동 방해 공작을 위해 세그레티를 고용했다는 기사를 썼다. 채핀은 대통령에게 쉽게 접근할 수 있는 몇 안 되는 백악관 보좌관

중 하나였다.

두 번째 기사에서는 닉슨의 개인 변호사 허버트 캄바치가 3만 5천 달러의 선거자금을 첩보 활동과 방해 공작 자금으로 세그레티에게 지급했다고 밝혔다. 워터게이트는 백악관과 대통령을 향해 점점 조여오고 있었다. 세그레티의 접촉자였던 채핀과 물주였던 캄바치에 관한 정보는 몇 개월 전 FBI와 연방 검사 실버트가 이끈 워터게이트 대배심에서 얻은 것이었다. 이 문제로까지 수사가 확대되지 않았다는 것은 닉슨 백악관과 법무부가 교란과 은폐에 얼마나 능했는지 보여주는 것이었다.

그 주말 기사가 나간 뒤 백악관과 닉슨 선거운동 본부는 워싱턴포스트에 울분을 터뜨렸다. 공화당 전국 위원장 밥 돌은 연설에서 우리 보도를 닉슨의 반대 세력(상원의원 조지 맥거번 민주당 대선 후보)에 연계시키느라 연설문 3쪽을 할애했다. 워싱턴포스트는 맥거번의 "중상모략 파트너다…. 맥거번은 언론공격 캠페인 프랜차이즈를 워싱턴포스트 에디터들에게 넘긴 것으로 보이는데, 워싱턴포스트는 그들이 지지하는 후보와 마찬가지로 이 선거운동에서 자신들이 저급한 방식을 고수한다는 것을 매 순간 보여주었다."라고 돌이 주장했다.

미첼의 뒤를 이어 닉슨 선거운동 본부장이 된 클라크 맥그리거는 워싱턴포스트를 공격하려고 특별 뉴스 컨퍼런스 일정을 잡았다. "왜곡된 말, 제삼자에게 들은 말, 근거 없는 혐의, 익명의 취재원, 거창하고 무시무시한 표제를 써가며 워싱턴포스트는 악의적으로 백악관과 워터게이트가 직접 연관된 것처럼 보이게 하려 했다. 이런 혐의는 대여섯 건의 수사에서 가짜임이 밝혀졌고 그건 워싱턴포스트도 이미 알고 있다."

우리는 탄탄한 근거를 바탕으로 했다. 하지만 잇따른 성공을 맛본 많은 사람처럼 우리도 도를 넘고 만다. 재선위원회 캠페인의 전 회계관리자(휴 슬로언)는 워터게이트 같은 정치 첩보 활동에 쓰인 비자금을 현금으로 관리한 사람 중에 백악관 보좌관이 한 명 있다고 했다. 칼과 나는 그 사람이 머리를 아주 짧게 깎은 전직 광고인이자 닉슨 백악관 참모총장으로 46세의 H. R. '밥' 홀더먼 일 수밖에 없다는 걸 알아냈다. 하지만 슬로언은 홀더먼에 대한 그 어떤 질문에도 답하려 하지 않았다.

CHAPTER

7

The Secret Man

10월 19일 그날 밤 로슬린에서 미팅을 잡고 싶어서 화분을 뒤로 옮겼다. 같은 날 오후, 닉슨은 행정부 사무실에서 홀더먼을 만나고 있었다. 비밀 테이프 녹음 시스템이 그들의 대화를 포착했다. 홀더먼은 어떤 비밀 제보자에게서 FBI에 취재원이 있다는 사실을 위압적인 방식으로 알아냈다고 대통령에게 보고했다.

"그레이 밑에 있는 자야?" 닉슨이 물었다.

"마크 펠트입니다." 홀더먼이 말했다.

"지금 대체 왜 그런 짓을 하는 게야?" 대통령은 물었다.

"이 일에 관해 아무 말씀도 하시면 안 됩니다. 우리 제보자 일을 망칠 것이기 때문이고, 실제 우려되는 점도 있기 때문입니다. 이 일은 유일하게 미첼만 아는데 그가 아무것도 하지 않는 게 나을 거랍니다. 그 이유는…."

"아무것도?" 닉슨은 말을 자르고 참을성 없이 덧붙였다. "하나도?"

"우리가 행동하면 그는 밖에 나가서 죄다 발설할 겁니다. FBI가 아는 건 이자도 전부 알고 있습니다. 거의 모든 일에 대한 접근권이 있습니다." 홀더먼은 경고했다.

홀더먼은 펠트를 어떻게 할지를 존 딘에게 물어봤다고 보고했다. "딘의 말로는 그자를 기소할 수는 없답니다. 범죄를 저지른 게 아니라서…. 딘이 우려하는 점은 지금 그자를 건드리신다면 그자가 이제 전국 텔레비전 방송에 나갈 거란 겁니다."

"자네 알지, 그 개자식을 내가 어떻게 했을지." 닉슨은 말했다. "알겠네, 더 이상 듣고 싶지 않네."

펠트가 FBI 최고 자리를 원한다고 홀더먼은 말했다.

"그자 가톨릭이야?" 대통령은 물었다.

"아니요, 각하. 유대인입니다."

"맙소사, 그 자리에 유대인을 앉혀?" 닉슨이 답했다.

"음, 그 말씀도 일리가 있네요." 홀더먼이 말했다.

나중에 닉슨은 물었다. "펠트의 컨베이어벨트는 뭔가?"

"워싱턴포스트입니다." 홀더먼은 대답했다.

닉슨은 백악관의 제보자가 누구냐고 재차 물었고 홀더먼은 그 정보가 어느 '법조인'에게 나왔는데 짐작으로는 워싱턴포스트에서 일했던 사람 같다고 했다. "그는 자기네 신문사 기자에게 FBI가 정보를 유출하고 있다는 걸 알고 있습니다." 홀더먼은 말했다.

"그래, 아무 말 하지 말게…." 닉슨은 명령했다.

워싱턴포스트에서 이런저런 정보들을 법무부와 백악관에 누설하는 사람이 있었다는 뜻이었다. 그 첩자를 결국 알아내지 못했지만, 우리 취재원 중 하나가 펠트라는 걸 확인해 준 걸 볼 때 백악관은 우리 코앞까지 왔던 것 같다.

  10월 19일 그날 저녁 나는 주의사항을 전부 지켰다. 택시를 두 번 탔고 주위를 경계했고 참을성을 발휘했다. 도착하니 2:30A.M.이었다. 내가 늦었는데도 펠트는 와 있지 않았다. 한 시간을 기다렸다. 어두컴컴하고 추운 차고에 있자니 편집증적인 생각이 몰려왔다. 그들은 미친 자들이니 상상 못 할 일을 또 저지를 가능성도 분명 있었다. 위험이 실재한다 하더라도 그 위험의 정도를 가늠하기 어려웠다. 칼과 내가 수소문하고 다녔다는 것은 홀더먼이 분명 알아낼 수 있을 터였다. 펠트가 목격되었나? 내가 미행당했나? 나에게 해당하는 부분은 말도 안 되는 것 같아서 밖으로 나가 주변을 둘러보았다. 결국에는 마음을 가라앉히고 되돌아 어둠 속으로 내려갔다. 두리번거리면서 두려움에 마음 졸이며 좀 더 머물며 진정하려 애쓰다가 그곳을 떠났다. 나는 공포에 질려 있었고 곧바로 달려 나와 쏜살같이 집으로 도망쳤다.

  나는 딥스로트가 오지 않았다고 칼에게 말했다. 우리는 걱정이 됐다. 다음 날 아침 배달된 뉴욕타임스 20쪽에는 동그라미가 그려져 있었고 시곗바늘은 3A.M.을 가리키고 있었다. 나는 일찍 도착했다. 펠트는 이미 와 있었다. 발코니를 확인할 수 없었다고. 하지만 워터게이트에 관한 모든 일이 전보다 한층 더 고조되고 있다고 말했다. 나도 이미 알고 있었다. 칼과 내가 홀더먼이 비밀 자금을 통제한 최종 다섯 번째 인물이라는 기사를 다음 주 발행할 예정이라고 펠트에게 말했다.

"그건 자네 스스로 해야 해." 펠트는 말했다.

우리가 틀렸다면 경고해 주셨으면 한다고 나는 말했다.

펠트는 그러겠다고 말했다.

그 말은 결국 홀더먼에 관한 사실을 확인하는 것인가?

"아니. 그 일은 자네 스스로 해야 해." 그는 말했다.

그런 구분은 내가 보기엔 말도 안 됐다. 이 춤사위에 나는 진절머리가 났다.

"나를 취재원으로 쓰면 안 돼. 나는 홀더먼 기사 취재원이 되지 않을 걸세." 그는 이렇게 말하며 조심하라고 경고했다. 하지만 내게 문제가 생기지 않도록 해보겠다고도 했다.

"홀더먼 건으로 우리에게 문제가 생겼습니까?" 나는 물었다.

"자네들에게 문제가 생기지 않게 해주겠네." 펠트는 모호하게 말했다.

"그래요. 그렇다는 건 홀더먼 기사를 확인한다는 뜻입니까?" 내가 말했다.

다시 한번 방향을 바꾸어 그는 부정확한 기사에서 발 빼라고 경고해 주길 기대했다면 '우리 우정을 대단히 잘못 이해한 것'이라는 불길한 말을 했다. 그는 그 끔찍한 말과 함께 나와 악수한 뒤 자리를 떴다. 확신이 들었지만 홀더먼에게 무시무시한 힘이 있다는 것도 알게 되었다.

10월 23일 월요일에 이 모든 내용을 재검토했는데 칼은 불편해했다. 확인을 받긴 한 것인가? 그렇기도 하고 아니기도 하다고 나는 말했다. 신문 실무에서 볼 때 이건 아니라는 뜻이란 걸 우리는 둘 다 알았다.

우리는 비밀 자금 회계 담당이었던 휴 슬로언을 다시 보러 갔다. 슬로언은 이전에 닉슨 정부에서 홀더먼을 위해 일했는데 그는 전 상사에 대해서도 말을 아꼈다. 칼은 슬로언에게 우리가 홀더먼이 다섯 번째 인물이라는 기사를 쓴다면 거기서 틀린 것은 뭐가 있냐고 물었다.

"이렇게 하시죠, 그럼. 그런 기사를 쓰셔도 저는 문제 없습니다." 슬로언은 또 모든 걸 워터게이트 대배심 앞에 털어놓았다고, 모든 질문에 정확하고 완전하게 답했다고도 했다.

다른 취재원들과 엎치락뒤치락하다가 우리는 그 기사를 밀고 나가기로 했다. 이건 다른 스토리였다. 그 기사는 워터게이트와 선거운동에서 첩보 활동과 방해 공작의 자금줄인 비밀 자금을 관리한 다섯 번째 인물이 홀더먼이라고 명명했다. 우리는 그 기사에서 슬로언의 대배심 증언을 적시했다. 그러면 기사에 탄탄한 근거가 부여될 것이었다. 이제는 익명의 취재원을 적시하지 않는 것이었다. 1972년 10월 25일 워싱턴포스트 헤드라인 표제는 다음과 같았다. '닉슨 최고위급 보좌관과 비밀 자금의 연관성에 대한 증언' 결국 슬로언은 홀더먼이라고 명시적으로 말했을 뿐 아니라 대배심의 모든 질문에 답했다고 맹세까지 했으니까.

이 일은 하나 더하기 하나가 둘이 되지 않는 경우였다는 걸 곧 알게 됐다. 다음 날 슬로언의 변호사 제임스 스토너가 방송국 카메라 앞에 나와서 "그 일에 대한 우리 답은 분명 '아니오.'입니다. 슬로언이 그 증언에서 결코 홀더먼을 암시하지 않았습니다."

지옥의 모든 봉인이 풀려버렸다. 칼과 나는 워싱턴포스트지에서 사임해야 할지도 모른다고 생각했다. 슬로언은 결국 우리에게, 맞다고 홀더먼이 자금을 관리했다고 인정

했지만, 그에 관해 슬로언이 대배심의 질문을 받은 적은 결
코 없었다. 따라서 당연히 그에 대해 증언하지도 않았다.
재앙에 가까운 일이었다. 나중에 테이프에서 드러났듯 백
악관에선 닉슨이 워싱턴포스트 사에서 소유한 텔레비전 라
이선스의 적법성에 이의를 제기할 계략을 꾸미고 있었다.
홀더먼 기사가 나간 날 12:29P.M. 닉슨은 찰스 콜슨과 대
면했다.

　워싱턴포스트에 대해 대통령은 이렇게 말했다. "그자들을
다른 방식으로 혼내줘야겠어. 내가 어디까지 갈 수 있나 잘
모르나 본데…. 내가 손대기 시작하면 그자들 전부 죽여버
릴 거야. 물을 것도 없어."

　다음 날 아침 나는 발코니의 깃발과 화분을 뒤쪽으로 옮
겼다. 9P.M.경에 집에 들어가서 먹으면 마음이 편안해지는
오발틴[†] 밀크셰이크를 만들어 먹었다. 나는 잠에 빠져들어
로슬린에서의 미팅을 놓칠 뻔했다.

　펠트는 기다리고 있었다.

　약 15분 동안 나는 혼란스럽고 후회스러운 마음을 털어
놓으며 도움을 청했다. "음, 홀더먼은 자네들 손을 벗어났
어." 펠트는 뒤꿈치로 주차장 벽을 세게 차며 "진실은 이제

---

† 우유 음료에 들어가는 분유나 착향 맥아 분유의 상표 – 옮긴이

영원히 못 나와, 자네들이 저지른 실수가 진실이 나올 길을 막아 버렸어."라고 말했다. 펠트는 우두머리를 상대로 작전을 펼칠 때는 모든 조건이 확실할 때 해야한다고 했다. 욕도 퍼부었다. 그러고는 다가와 속삭였다. "처음부터 끝까지, 이 일은 죄다 홀더먼이 벌인 공작이야. 그가 돈을 운영했어. 수족 같은 공무원을 통해서."

펠트는 홀더먼의 수석 보좌관들을 자세히 묘사했다. "자네들이 한 그런 실수를 하면 모두 겁에 질려버려." 야단맞는 기분이었다. 이어서 그 기사는 "최악의 차질을 빚었어. 홀더먼이 사람들 동정을 받게 만들다니. 이런 일이 가능할 줄은 꿈에도 몰랐네."라고 말했고 워터게이트 같은 음모론을 파헤치려면 어떻게 해야 하는지 설교를 했다. "바깥 끝부터 안으로 신빙성 있게 쌓아가야지. 헌트나 리디 같은 부류를 상대할 때는 필요한 증거의 열 배는 끌어모아야 해. 그러면 그들은 가망 없어, 끝난 거야. 당장 털어놓지 않아도 이미 손아귀에 들어온 거야. 그런 다음 위로 올라가 다음 단계에서도 똑같이 하는 거지. 너무 높은 데를 쐈다 놓치면 다들 더 안심하지. 변호사들도 이렇게 일하네. 똑똑한 기자들도 분명 그럴 거네." 그가 나를 이 범주에 들지 않는 사람 보듯이 쳐다본 게 떠오른다. "자네들 수사를 몇 개월

후퇴시켰어. 모두를 방어해야 할 입장에 처하게 만들었어. 기자도 FBI 요원도 이제부터는 전부 몸을 사릴 수밖에 없지."

결국 워싱턴포스트의 보도는 슬로언의 대배심 증언을 적시한 점에서 '부정확'했다고 인정했다. 그런 다음 홀더먼이 비밀 자금을 관리했다고 확언한 취재원들의 말을 인용했다. 그 취재원들은 슬로언과 펠트였다. "어느 취재원은 '이 일은 죄다 홀더먼이 벌인 공작'이라고도 했다." 펠트의 말을 그렇게 직접 인용하는 것에 대해선 꺼림직했다. 그건 우리가 정한 딥 백그라운드 규칙을 정면으로 깨트리는 것이었다. 하지만 우리 실수를 정정할 기사를 내느라 나는 제정신이 아니었다.

나는 한동안 펠트에게 연락하지 않았고 거의 3개월 뒤인 1973년 1월 말에야 펠트와 차고지에서 만났다. 닉슨은 재선된 상태였고 워터게이트 침입자들과 헌트와 리디에 대한 첫 재판은 더 높은 고위급들과의 연관성에 대해서는 묻지 않은 채 종결되었다. 물론 칼과 나는 그 재판에 대한 기사를 썼다. 하나는 뉴스 분석 요약으로 타이틀은 '비밀로 남은 문제, 누가 왜 스파이를 고용했나'였다. 재판관 존 J. 시리카는 모든 증거가 제출되지 않았다는 데 불만스러워했다.

몇 년 뒤에 시리카 판사는 당시 워싱턴포스트에 나왔던 우리 기사를 읽은 상태였다고 내게 말했다. 재판에서 검찰의 수사가 우리가 보도하던 것에도 미치지 못하자 스캔들을 샅샅이 파헤치지 못하는 그의 실망감은 커지기만 했다.

1월 25일 펠트와 만났을 때 칼과 나는 워터게이트의 주역인 미첼과 콜슨에 대한 특종을 쓰고 있었다. "콜슨과 미첼은 워터게이트 공작 배후에 있었네. FBI에선 그레이까지 전부 그렇게 확신하고 있어." 펠트는 말했다. 누군가 입을 열어야 했다. 그의 말을 빌리자면 '목격자 진술이 없어서' 진척이 없다는 뜻이었다. 칼과 나는 우리가 어디까지 알아낸 건지 확신이 없었다. 새로운 사실은 전혀 없었으며, 둘 다 곧 그 사실을 깨달았다.

좋은 소식은 76세의 민주당 상원의원 샘 J. 어빈이 내게 자신이 워터게이트에 대한 상원의 수사를 이끌 거라고 한 것이었다. 그는 단서와 취재원을 원했다. "기사에 언급된 사람들은 모두 의회에 나와 자신들이 무죄임을 증명할 기회를 얻어야 할 거요. 그들이 거절하더라도 소환해서 명예를 회복할 기회를 보장해 주겠소." 웃으면서 이 말과 함께 그는 커다란 눈썹을 씰룩거렸다. "CIA라도 백악관 보좌관이라도, 홀더먼이든 누구든." 닉슨의 최고위급 보좌관들을 소환하겠다는 어빈의 계획을 칼과 나는 1면 기사로 썼다. 하지만 이내 우리는 헌트와 리디의 활동을 추적하는 일로 되돌아가 있었다. 또한 하워드 헌트가 덴버의 디타 비어드 병실을 방문했다는 보도를 했고, 펠트는 만일에 대비해 수사 내용 유출자를 물색하는 FBI 내부 메모를 만들었으며, 프린스 조지스 카운티 바에서 평소와 다른 방식으로 펠트와 만나기도 했다.

다음 달인 3월 워터게이트는 매코드가 시리카 판사에게 고위급 관료들이 사건을 은폐했음을 주장하며 보낸 서신으로 폭발했다. 4월에는 폭발이 거의 매일 일어났고, 여기는 정보수집과 워터게이트 작전을 계획하고자 미첼, 딘, 매그루더, 리디가 미팅을 세 번 했다는 증언도 있었다.

4월 16일 저녁 워싱턴포스트의 야간 당직 사회부 에디터가 내게 로스앤젤레스 타임스에서 다음 날 1면 기사로 워터게이트 사건에 관한 백악관의 극적인 시인이 있을 거라고 보도했다고 말했다. 긴급한 상황에 특정 공중전화 부스에서 펠트의 자택으로 전화할 수 있다는 것을 떠올렸다. 그가 전화를 받으면 아무 말 없이 정확히 10초를 기다렸다 끊으면 펠트는 그 공중전화 부스로 전화할 것이었다. 공중전화 부스는 워싱턴포스트 길 건너에 있는 매디슨 호텔 로비에 있었다. 한 시간을 기다리니 그의 전화가 왔다.

"왜 전화했는지 말 안 해도 되네." 펠트가 말했다.

"무슨 일이 있었습니까?" 나는 물었다. 도처에 소문이 돌고 있었다.

"자네들 이 건에 매달려야 하네. 딘과 홀더먼은 아웃이네. 확실해. 아웃이야. 사임할 거야. 대통령도 피할 방법이 없어." 그는 확실하다고 말했다. "입을 여는 사람이 여럿 있어. 가서 찾아봐." 그는 업무를 배정하는 에디터처럼 말했다. "이만 끊어야 하네. 정말로 찾아보게."

다음날인 4월 17일 아침 칼과 나는 딥스로트가 한 말을 브래들리와 에디터에게 보고했다. 브래들리는 주저했다. 고위급 관료의 사임을 예측하는 게 얼마나 위험한 일인지 그는 떠올렸다. 그의 말에 따르면 수석 보좌관 빌 모이어스가 존슨 대통령이 FBI의 J. 에드거 후버를 교체할 예정이라고 제보했다. 브래들리는 당시 뉴스위크 워싱턴 수석 기자였는데 후버의 후임 선정이 최종 단계에 와 있다는 커버스토리를 썼다. 뉴스위크가 가판대에 나오기 전날 존슨은 모이어스에게 이렇게 말했다. "벤 브래들리에게 전화해 말하게. 엿이나 먹으라고." 그리고 기자회견에 나가 후버를 평생 국장으로 임명한다고 발표했다. 이 일로 사람들이 몇 년 동안이나 자신을 비난했다고 브래들리는 말했다.

우리는 홀더먼과 딘에 관한 보도를 보류했다. 마침 워싱턴포스트가 워터게이트 보도로 공공 서비스 부문에서 퓰리처상을 받게 되었다는 발표도 났다. 4월 26일 약 7:45P.M.에 의회의 누군가가 내게 뉴욕 데일리 뉴스에서 FBI 국장 대리(그레이)가 워터게이트 침입 후 며칠 안에 백악관 하워드 헌트의 금고의 문서를 파기했다고 보도했다고 전했다. 두 개의 폴더가 폐기됐다고 했다. 첫 폴더에는 케네디 대통령이 1963년에 베트남 대통령 응오딘디엠을 암살했다는 허위 국무부 전보가 있었고 두 번째 폴더는 헌트가 상원의원 에드워드 케네디에 대해 수집한 자료 전부였다.

9:30P.M.경에 워싱턴포스트에 있는 내 전화가 울렸다.

"자네에게 전화할 번호를 주게나." 마크 펠트가 말했다.

나는 사회부 데스크 기본 라인을 주었고 전화가 오자 직접 받았다.

"그레이 소식 들었나? 음, 그건 사실이네." 펠트는 말했다. 에일리크먼과 딘과의 대화에서 그레이는 그 파일들이 어마어마한 피해를 줄 수 있는 정치적 다이너마이트라고 들었다. 그레이는 코네티컷의 집에 그 파일을 거의 여섯 달 동안 보관하다가 1972년 12월에 소각했다. FBI 국장 대리 그레이가 잠재적 증거를 파기했다는 심각성은 일파만파였다. 그레이는 이제 끝난 거였다. 펠트의 목소리에는 기쁨의 흔적이 묻어났다. 칼과 나는 기사를 써서 다음 날 신문에 냈고 그날 그레이는 사임했다. 펠트는 드디어 자신이 국장이 된다고 생각했다. 세 시간 정도 펠트는 국장 대리였고 그는 곧장―민감한 문서나 보고서를 본 사람은 누구나 서명해야 하는―소위 '책임 기록지'라 불리던 것을 폐지하라고 명령했다. 정보 누설을 막기 위해 고안된 그 기록지는 문서마다 첨부되고 있었다. 문서 자체보다 기록지가 더 많이 들어갈 때도 많았고 그 기록지는 정치적 지명 청원 같은 것으로 변해갔다.

펠트는 그 자리를 얻지 못했다. 닉슨은 환경보호국장이던 윌리엄 D. 러켈샤우스를 FBI 국장 대리로 임명했다. 러켈샤우스가 FBI에 당도한 날을 펠트는 '우울한 월요일'이라 회고했다. 최고위급 FBI 관료들은 닉슨에게 FBI 내에서 종신 국장으로 임명할 것을 촉구했다. 펠트는 절망에 빠져있었고 망상에 젖어 있었으며 '자신이 보기엔 여전히 J. 에드거 후버의 것인 책상에 발을 올리고 안락의자에서 뒹굴거리는 러켈샤우스를 보고 입을 다물 수가 없었다.'고 썼다.

백악관이 케네디에서 존슨에 이르는 재임기간 중 FBI가 도청한 기록을 원했을 때도 맞섰다고 펠트는 썼다. "맙소사! 대통령이고 뭐고, 그냥 안 된다고 하시오!" 이렇게 말하고 일어나서 나갔다고 했다.

4월 30일 닉슨은 전국 텔레비전 방송에 나가 홀더먼과 에일리크먼이 클라인딘스트와 함께 사임했다고 발표했다. 딘은 이미 해고된 상태였다. 지글러는 워싱턴포스트와 칼과 나에게 공개적으로 사과했다.

5월 중순 지하 차고에서 펠트와 만나기로 했다. 그는 더 이른 시각인 약 11P.M.에 만날 수 있다고 했다. 워터게이트가 파헤쳐지고 있어 그가 기뻐할 거라고 기대했다. 한편으로는 국장이 되지 못해서 그가 좌절했으리란 것도 알았다. 펠트에겐 아마 이게 마지막 기회였으리라.

그 5월 중순 미팅은 이런 맥락에서였다. 그 미팅은 경각심을 일으키는 미팅이었다. 펠트는 긴장해서 턱을 덜덜 떨고 있었다. 그는 일련의 설명을 빠르게 이어서 했는데 모종의 변신이 있었던 게 분명했다.

펠트는 다급한 목소리로 모두의 목숨이 위태로우며 도청되고 있다고, CIA가 하는 짓이라고 했다. 닉슨 대통령이 딘을 협박했다고 했다. 헌트와 리디와 워터게이트 침입자 5인의 침묵을 매수하려는 시도가 있었고, 은폐 비용은 약 1백만 달러에 이를 것이라고 했다. 가장 경계해야 할 일로, 미국 정보기관 전체가 관여하는 활동들이 비밀리에 진행중이라고 했다.

이걸 전부 털어놓고 펠트는 이렇게 말했다. "그런 상황이라네. 나는 바로 가야 하네. 이해하겠지. 부디—그래, 말하는 게 낫겠지—조심하게." 그는 곧 FBI 은퇴 발표를 하고 다음 달에 나갈 계획이라고 알렸다.

나는 아파트로 돌아가 칼에게 전화해 와 달라고 했다. 혹시 모를 도청을 커버하려고 음악을 틀고 펠트가 한 말을 타자로 쳤다. 그리고 우리는 브래들리의 집에 찾아가 2A.M.에 그를 깨웠다. 도청될 수 없는 잔디밭으로 나오라고 채근했다. 나는 내가 쓴 메모를 브래들리에게 읽으라고 건넸다.

"대체 이제 어쩌면 좋지?" 브래들리는 물었다.

CHAPTER

8

The Secret Man

다음날 칼과 나는 포스트의 시니어 에디터들과 워싱턴포스트의 옥상 정원에서 모였는데, 뉴스룸보다 3층 위라 도청이 불가능할 것 같았다. 리처드 하우드는 우리가 편집증적인 피해망상이라면서 의문을 제기했다. 브래들리는 뭐가 진실이고 뭐가 확인될 수 있는지만 알고 싶어 했다. 워싱턴포스트의 전화들을 점검했음은 물론이다. 우리집에도 점검하러 왔으나 도청당했다는 증거는 나오지 않았다. 그날 오후 칼과 나는 딘의 동료 한 사람과 점심을 함께 했다. 그 보좌관은 닉슨이 딘을 위협했으며 은폐 비용이 1백만 달러라는 것을 확인해주었다.

브래들리는 워싱턴포스트 5층 뉴스룸에서 미팅을 소집했다. 빛이 밝게 들어오는 뉴스룸 플로어에 있던 사람들은 시니어 에디터들과 칼과 내가 외진 사무실에 떼로 몰려 들어가 파티션을 치고 문을 닫자 놀라움을 감추지 못했다.

우리는 주저했다. 아무도 뭘 해야 할지 확실히 몰랐으므로 그저 매일매일 기사를 보도할 뿐이었다. 한동안 전화를 피하고 쪽지를 주고받았으나 이내 불필요한 일 같아 보였다. 전화가 도청당했다는 증거는 찾지 못했다.

1973년 6월 22일, 상원의원 어빈의 워터게이트 수사 위원회에 딘이 찾아가 닉슨이 불법 은폐와 관련돼 있다는 혐의를 제기하기 3일 전, 마크 펠트는 FBI에서 은퇴했다.

워터게이트 수사는 계속 가속도가 붙었다. 상원 청문회, 닉슨 비밀 백악관 테이프 공개, 특별 검사 아치볼드 콕스 임명, 그리고 1973년 10월 그를 닉슨이 해고한 일로 칼과 나는 계속 바빴다. 기삿거리가 많았다. FBI를 나왔으므로 펠트가 최신 정보를 알지 못할 줄 알았다. 1973년 11월 첫 주에 나는 그에게 연락해 지하 차고 미팅을 잡았다. FBI에서 은퇴했어도 펠트는 그 안의 많은 친구와 연락이 닿고 있었다. 그게 FBI가 돌아가는 방식이었다. 그는 간단한 메시지만 전했다. 하나 이상의 닉슨 테이프에 의도적으로 지운 부분이 있다는 것이었다.

칼과 나는 '의심이 가는' 간격이 있으며 '누가 그 테이프를 조작한 것일 수 있다.'고 기사를 썼다. 지글러는 칼에게 사실이 아니라고 단호하게 부인했다. 11월 21일 오후 지글러가 칼에게 전화했다. 닉슨의 변호사들이 시리카 판사의 법정에서 그 테이프 중 하나에 18분 반의 간격이 있다고 발표한 뒤였다. "지난번에 우리가 다른 이야기를 할 때는 이 일을 몰랐다고 맹세할 수 있소." 지글러는 말했다. 그 사라진 18분 반은 곧 닉슨 워터게이트의 상징이 되었다. 진실은 삭제된 것이었다. 진실은 사라진 것이었다.

마크 펠트는 일련의 새로운 문제와 위협을 마주했다. 모두 워터게이트에서 기인한 일이었고 그렇게 된 데는 펠트가 한 역할도 있었다. 펠트가 불을 붙인 도화선이 자신을 향해 가차 없이 타오른 것이었다.

워터게이트처럼 복잡하면서 경쟁적이고 전개도 빠른 보도를 할 때는 취재원의 동기를 고려할 시간이 거의 없다. 중요한 건 정보가 들어맞느냐, 진실이냐였다. 우리는 물살 빠른 급류에서 헤엄치듯 살고 있었다. 그날그날 할 일을 해내기만도 벅찼다. 취재원에게 이런 걸 물을 시간은 없었다. 왜 발설하는가? 다른 꿍꿍이가 있는가? 공개적으로 비밀을 밝히고 전면에 나가 아는 것을 전부 말하지 그러나? 마크 펠트의 경우가 그랬다. 워터게이트의 메두사 같은 괴수의 정체를 파악하려고 할 때 그의 정보가 없었다면 어떻게 되었을까. 최고 수사기관의 우두머리라는 지위 때문에 그의 말에는 가끔은 충격적인 권위가 깃들어 있었다.

그 자신과 FBI에 위험을 불러올 수도 있는데도 펠트는 왜 발설한 것일까? 더 일찍 정보를 유출했더라면 펠트는 영웅이 되지 못했을 것이다. 우선 펠트는 자신이 FBI를 보호하고 있다고 믿었다. 그토록 은밀하게 FBI 파일을 우리에게 넘겨 백악관이 대응하지 않을 수 없게 하고자 말이다.

둘째로 펠트는 닉슨 정부가 FBI를 정치적으로 움직이려 한 것을 점점 더 경멸하게 됐다. 그뿐만 아니라 백악관의 젊은 순찰대—그 가장 좋은 예가 존 딘이다—를 혐오했다. 펠트는 소위 페이지 보이라는 것을 차고 있었는데, 그 작은 라디오 수신기는 쉬는 날 본부로 전화해야 할 상황이면 고음의 휘파람 소리를 냈다. 가장 악명 높았던 것은 홀더먼의 행정 보좌관 로렌스 힉비였는데, 자기 상사의 요구를 전달할 때마다 곧장 처리되지 않으면 인류 문명에 위험이 닥치기라도 할 듯이 굴었다. 힉비가 어찌나 효율적인지 행정부 보좌관들은 아예 '힉비'라고 불렀다. 이쯤 되니 힉비에게는 힉비가 부리는 힉비가 생기기도 했는데, 말하자면 '힉비의 힉비'인 셈이었다. 힉비는 펠트를 특히 괴롭혔다.

펠트는 저서에서 1971년 7월 24일 토요일 아침 후버가 직접 펠트에게 전화해 백악관에 가서 헌트와 리디의 정보 유출을 막기 위한 배관공 작전을 펼치는 에길 크로그를 도우라고 했다고 기록한다. 크로그는 FBI에서 정보 유출 용의자를 거짓말 탐지기로 검사해주길 바란다고 했다. 그보다 몇 년 앞서 후버는 FBI에서 거짓말 탐지기를 사용하지 말라고 명령했다. 펠트는 닉슨이 '초조해 미칠 지경'이었기 때문에 정보유출자 추적을 위한 회의가 백악관에서 열렸다고 설명했다.

셋째 펠트는 후버를 숭배했으므로 팻 그레이가 국장으로 임명되었을 때 받은 충격은 그 무엇보다 컸다. 결국 전직 잠수함 승무원이자 법무부에서 돈으로 움직이던 정치가가 FBI의 책임자 자리에 앉은 것이다.

넷째, 그 같은 게임을 펠트가 즐겼다는 것이다. 그가 FBI에서 연마한 전문성은 2차 세계대전 당시 첩보원 사냥꾼 실력이었다. 그 모든 지식과 첩보 기술을 전환하여 요원들을 이끄는 지도자가 되는 건 어쩌면 자연스러운 일이었을 것이다. 그의 마음속에서 나도 그의 요원이었을지 모른다. 그는 이 모든 걸 내 머리에 새겨 넣었다. 무슨 일이 있어도 비밀을 지키고, 부정확한 말은 하지 않고, 펠트에 관한 말을 절대 하지 말고, 그런 비밀 취재원이 존재한다는 걸 그 누구에게도 암시하지 말 것.

〈모두가 대통령의 사람들〉에서 칼과 나는 딥스로트가 정보를 제공한 방법을 두고 이렇게 추측했었다. "딥스로트가 자신이 아는 것을 한꺼번에 말해버린다면 유능한 배관공이 새는 구멍을 찾아낼 수도 있다. 자신이 준 정보의 빈틈을 채우기 위해 두 기자가 그외의 다른 곳을 찾아가게 만들어 자신의 위험을 최소화하려는 것일 수도 있다. 그러나 큰 뉴스 한두 개만으로는 아무리 큰 파급 효과라도 백악관이 희석시킬 수 있다는 건 딥스로트 자신도 잘 알 것이다. 혹은 혼자서 판돈을 서서히 올리면서 게임을 즐기는 중인 것은 아닐까? 딥스로트 정도의 지위에 오른 사람은 닉슨이나 대통령중심제 자체에 영향을 미치는 문제까지 생각할 수는 없는 듯했다. 딥스로트가 모든 것을 잃게 되기 전에 공직을 지키면서 공직을 수행하는 데 있어 변화를 꾀하려던 것은 아닐까 하는 생각도 충분히 들 수 있었다." 내가 의문을 제기하면 그때마다 펠트는 진지하게 주장했다. "나는 이 일을 내 방식대로 해야 해."

펠트의 은퇴로 칼과 내가 불리해질까 봐 걱정되었다. 진행 중이던 수사는 워터게이트 특별 검사 아치볼드 콕스가 담당하고 있었으나 FBI도 아직 많은 기초 작업을 하고 있었다.

"우리가 무단침입을 안 하려 들었다는 거네." 은퇴한 지 한 달 뒤인 1973년 7월에 펠트는 이렇게 말했다. 존 에일리크먼은 상원 워터게이트 위원회에서 헌트와 리디의 배관공 팀이 대니얼 엘스버그의 정신과 주치의 사무실에 침입했던 것은 FBI와 1971년 당시 국장이던 J. 에드거 후버가 엘스버그에 대한 수사를 거절해서였다고 증언했다. "그자들이

FBI 대신 나가고 있었던 거예요." 에일리크먼은 이렇게 증언했다.

펠트는 에일리크먼의 증언에 화가 나 있었고 결국 그를 구슬렸다. 커다란 진전이었다. 칼과 나는 펠트의 말을 인용해 사내게시판에 15문단짜리 기사를 썼는데 1973년 7월 28일 발행되었다. 기사의 표제는 이랬다. '전 FBI 보좌관이 엘스버그 수사를 옹호하다.' 펠트와 후버의 사진이 기사와 함께 실렸다. 나는 은퇴 생활로 유연해진 펠트가 곧 FBI/CIA/닉슨 정부의 비밀 통 밑바닥에 뭐가 있었나 말해주는 모습을 그렸다.

칼과 나는 워터게이트 기사를 써왔으므로 1972년 가을 사이먼 앤 슈스터와 책을 계약했다. 출판사에서 총 5만5천 달러를 지급했는데 당시 우리에겐 큰돈이었다. 책의 제안서에서 우리는 닉슨, 닉슨의 백악관, 미첼, 하워드 헌트, 고든 리디의 활동에 대한 기존의 서사를 계획했다고 했다. 하지만 그다음 해에 너무나 많은 일이 새로 진행되었고—엘스버그 침입, 비밀 백악관 테이프, 콕스 임명 및 그의 광범위한 대배심 수사—그에 대해 써놓은 것은 거의 없었다.

1973년 8월의 어느 일요일 칼과 나는 뒤퐁 서클 근처 어느 식당에 나가 브런치를 먹었다. 책을 끝내야 하는 건 알

앉지만 매주 새로운 사실이 드러나고 있어서 조바심도 났다. 우리에게 어떤 선택지가 있을까? 책은 그해 말이 마감이었다. 1973년 1월 20일 닉슨의 취임으로 시작하는 챕터의 초고를 쓰려던 것을 기억한다. 겉으로는 승리로 보였으나 표면 아래는 워터게이트가 터지기 직전이라 암울했다. 하지만 스토리가 거의 매일 바뀌고 있었으므로 눈덩이처럼 불어나는 이 사건을 제대로 전달하기란 사실 불가능했다. 우리는 책을 써본 일이 없었다. 28세였던 칼은 9년 동안 신문사에서 괄목할 만한 경력을 쌓아왔다. 나는 학부 시절 출판도 습작 소설을 써본 경험만 있었다(소설 쓰는 건 경험만으로 충분했다).

우리는 포스트의 기자로서 워터게이트를 보도하는 스토리를 쓰는 것 말고는 대안이 없다고 정했다. 그거야말로 우리가 가장 잘 아는 것이었다. 잘 아는 것이나 직접 경험한 것을 써라, 글쓰기에서 기본 중의 기본이다. 우리 어머니는 플로리다 네이플스에 집이 한 채 있는데 어머니와 양아버지가 겨울에만 이용하는 집이었다. 어머니는 우리가 그 집을 6주간 이용하게 허락해 주었다. 우리는 노트, 파일, 메모, 예전 기사 초고, 발행된 기사들과 기타 클립을 챙겨서 플로리다로 떠났다. 기사를 내팽개치고 뛰쳐나가는 느낌이었지만 워싱턴포스트 에디터들은 계속 연락이 닿기만 하면 잠시 휴가를 얻어도 좋다고 했다.

그 집은 단층 랜치하우스§로, 멕시코만에서 그리 멀지 않은 수로 상에 있었다. 매일매일 칼은 밖에 나가 풀장 옆에서 글을 썼고 나는 부엌 옆방에서 글을 썼다. 우리는 보도 과정에서 나온 개인적 경험, 에디터들과의 상호작용, 그리고 메인 기사를 발행할 최종 결정 중에 겪은 개인적인 일 등을 매일 열 쪽씩 써보기로 했다. 6주가 끝날 무렵 우리 손엔 500쪽이 넘는 원고가 들려 있었다. 우리는 익명의 취재원들에게 연락해 이름을 책에서 밝혀도 될지 물었다. 한 예로 닉슨 선거운동 회계담당자 휴 슬로언은 신문 기사에서는 익명이었으나 우리 책에 이름을 쓰는 것에 동의했다.

나는 펠트에게 전화해 아주 조심스럽게 이제 은퇴도 하셨고 FBI를 옹호하는 말을 공표를 전제로 말씀도 하시고 적시하게도 해주셨으니 신원을 책에 밝히는 걸 허락하는 일도 고려해보시겠냐고 물었다.

그는 폭발했다. 절대 안 된다고 했다. 그런 요청을 하다니 미쳤냐고 했다. 그리고 그는 또 지금 무슨 말인지 모르겠다는 표현도 했는데, 마치 빠져나갈 구멍을 만들고자 그런 일

---

§ 폭이 좁고 옆으로 길쭉한 단층집 – 옮긴이

없었다고 부인하는 듯했다. 세상 그 누구도 그토록 단호한 거절을 당해보진 않았을 것이다. 그는 말했다. 두 번 다시 전화하지 말라고. 내가 전화를 끊지 않고 질문을 좀 더 하니까 그제야 진정하고는 약속을 내가 지킬 거라 믿게 해달라고 했다. '불가침(inviolate)'이라는 말까지 썼다.

약속은 그의 신원을 밝히거나 그런 취재원이 존재했다는 걸 인쇄물에 드러내는 일이 없어야 한다는 것이었다. 그랬음에도 칼과 나는 인쇄물에 FBI 파일을 수도 없이 인용했다. 나는 워터게이트 자금 조달이 '홀더먼 공작'이라고 말한 익명의 취재원으로 펠트를 인용했다. 이렇게 인용한 것에 펠트는 결코 반기를 들지 않았으며 그걸 나는 약간의 재량권이 주어진 거라고 여겼다.

그는 또다시 신비롭게, 자신과 내가 아는 것엔 여전히 큰 차이가 있다는 듯 말했다. 그게 늘 우리 관계의 기본이었다. 그는 알았고 나는 몰랐다. 나는 허둥대며 위험하기 짝이 없이 길을 벗어나 넘어지기 일쑤고 그는 지혜를 발휘해 배를 바로잡는 것이었다. 분명 우리 관계는 앞으로도 늘 그럴 것이었다.

펠트는 나에게 창피를 주었다. "어떻게 그런 요청을 할 수 있었나?" 나 자신도 의아했다. 확실히 그는 FBI 동료들,

클럽, 친구, 가족에게 우리 워터게이트 취재원이 아닌 듯한 모습만 보여왔다. 그가 노출된다면 인생에서 중요한 사람들에게 정직하지 않았던 게 되어버릴 것이다. 게다가 그에게는 아직 법적 책임이 있을 수 있었다. 가장 중요한 것은 닉슨이 아직 대통령이라는 거였다. 워터게이트 은폐는 계속되었고 닉슨은 여전히 정보가 새나가는 구멍을 막으려고 작정한 듯했다. 펠트가 도움 준 일은 레이더를 충분히 벗어나 있었고 칼과 나와 몇몇 기자들만 어렴풋이 알았으며 워싱턴포스트 에디터들 말고는 고위급 비밀 취재원이 있다는 걸 아무도 몰랐다.

펠트는 우리가 자신을 '딥스로트'라고 부른다는 것을 몰랐다. 사이먼스가 붙여준 별명은 그대로 굳혀졌다. 당대 가장 현란한 포르노 영화 제목을 딴 별명이 붙었다는 걸 알면 그가 어떻게 생각할지 당시 나는 궁금했던 것 같다. 워싱턴포스트에서 펠트는 딥스로트라 불렸으므로 책에서도 우리는 그를 딥스로트라 불렀다. 우리는 아무것도 감추지 않았다. 칼과 나는 일어난 일을 정확히 발생한 순서대로 열거했다. 우리는 1973년 12월에 책 쓰기를 마쳤고 출판은 1974년 봄으로 정해졌다. 책을 다 썼다는 데 너무나 안도한 나머지 펠트에 대해 생각하기를 그만두었다. 판매나 리뷰에 관한 전망은 모호했다. 1974년 초에는 아직 워터게이트가 어떻게 마무리될지 불확실했다. 닉슨의 명령으로 콕스는 해임된 상태였으며 하원 법사 위원회의 탄핵 수사가 진행되고 있었고 새 특별 검사 레온 자보스키가 습격을 가하고 있었다. 그 누구도 백악관 테이프에 뭐가 있을지, 그로 인한 피해가 어떠할지를 구체적으로 알지는 못했다. 나는 좀 안 좋은 예감이 들었고 칼은 상황이 안 좋을 거라고 크게 확신했다.

우리는 책 〈모두가 대통령의 사람들〉을 1974년 1월 30일 연례 국정연설로 마무리했는데, 하원과 상원의 의원이 합동 회의를 하는 자리에서 강요하듯 닉슨은 이렇게 말했다. "워터게이트는 일 년이면 충분합니다." 그리고 이렇게 덧붙였다. "미국 국민이 나를 당선시켜 맡긴 직책에서 무슨 일이 있더라도 물러날 생각이 없다는 것을 분명히 하고자 합니다."

다시 말해 사임할 생각이 없다는 것이었다. 절대로. 닉슨에게 특별한 생존 기술이 있다는 건 모두가 알았다. 확실히 쉽게 포기할 인물은 아니었다.

어느 날 영화배우 로버트 레드포드가 워싱턴포스트로 내게 전화해 자신을 소개하고는 1972년에 기자들과 선거운동 버스에 탔던 적이 있다고 회상했다. 그는 우리의 워터게이트 보도에 대해서도 말했는데, 대담함과 신선함이 한데 어우러진 것 같다고 말했다. 정말로 재미있는 워터게이트 스토리는 칼과 나의 일 이야기, 우리의 투쟁과 의심, 결국 대통령을 끌어내리게 된 기사를 생산하던 과정이라고 레드포드는 말했다. 이 아이디어는 영화를 저널리즘의 스토리로 풀어가자는 것이었다. 딥스로트 역할을 뺀다는 생각은 정말 해본 적도 없었다.

1974년 2월 25일 워터게이트 특별 검사 사무소의 한 변호사가 펠트를 소환해 심문했다. "당신이 법을 어겼을 수도 있다는 거, 알지." 그 젊은 검사는 이렇게 말했다. 어떻게 언제 법을 어겼다는 건지에 대한 설명은 없었다. 검사 측에서 펠트를 대배심 앞에 세웠다. 검사 측은 팻 그레이의 위조 혐의를 입증하고자 했다. 키신저가 백악관 보좌관과 기자 17명을 도청하라고 명령한 메모를 그레이에게 건네준 일을 펠트가 기억하길 원했다. 펠트는 확실히는 모르겠다고 했다. 그 메모에는 그의 이니셜인 'F'가 없었다. 검사들은 펠트가 그레이를 보호하려 든다는 혐의를 제기했는데 그게 얼마나 웃기는 말인지 그들은 모르고 있었다. "당신 지금 거짓말하는 거잖아!" 검사는 고함을 쳤다. 자신을 상대하면서 그런 아마추어 같은 태도로 거친 변호사 흉내까지 내는 모습에 펠트는 아연실색했고, 전직 FBI 고위 관료를 예후는 못 할망정 마피아 단원만도 못한 취급을 하는 것에 화를 냈다.

CHAPTER

9

The Secret Man

〈모두가 대통령의 사람들〉은 1974년 4월에 출간되었다. 책이 나온 뒤 첫 주말에 차를 타고 라디오로 주파수를 맞추고 있었던 것으로 기억한다. 라디오에서 우리 책을 논스톱으로 10분에서 15분가량 읽어주는 것을 들었는데, 신원미상의 딥스로트와 내가 한 미팅에 대해 자세히 쓴 부분부터였다. 그 책은 순식간에 베스트셀러 1위에 올랐다. 칼과 나는 계속 워터게이트의 진전 사항을 워싱턴포스트에 쓰며 머리를 숙이고 다녔다.

  책이 출시되고 펠트에게 전화한 일은 아직도 기억이 생생하다. 그가 어떻게 생각할지 알고 싶어 조바심이 났다. 분명 책을 봤거나 들어봤을 터였다. 내 목소리를 듣고 그는 전화를 끊어버렸다. 며칠간 최악을 상상하며 겁에 질려 있었다. 그 최악이란 그가 스스로 목숨을 끊을 가능성부터 우연히 맺은 우정을 이용한 배신자에 인간쓰레기라고 나를 모욕할 가능성이었다. 아니면 우리 관계나 일부 정보를 내가 부정확하게 기술했다고 주장할 수도 있었다. 결국, 그하고 나만 아는 일이었으니까.

  그가 전화기 내리치는 소리와 갑자기 들려온 전화 끊어지는 신호음이 지금도 생생하다. 전화를 그냥 끊어버린 것은 그 어떤 말을 듣는 것보다 싫은 일이었다. 그가 무슨 생각을 하는지 궁금했으나 다시 전화할 용기가 나지 않았다. 어떤 폭풍우 같은 심정을 그는 겪고 있을까? 알고 싶었다. 나를 향한 폭풍은 얼마나 컸을까?

6월에 워싱토니언 매거진에서 가장 유망한 딥스로트 후보가 펠트라는 기사를 발행했는데, 펠트에게 동기, 기회, 접근성이 있었으며 비밀 접선 방법에 대해 알았고 닉슨과 그 추종자들에게 화가 나 있었다는 것을 이유로 들었다.

6월 25일 월스트리트저널은 자사의 시그니처 격인 조롱조의 1면 기사 표제를 이렇게 썼다. '스카치를 마시고 흡연하고 책을 읽는다면 어쩌면 당신이 딥스로트일지도 모른다.' 그 기사는 이렇게 시작했다. 'W. 마크 펠트는 과거에도 지금도 자신은 딥스로트가 절대로 아니라고 말한다. 전직 FBI 국장 대리인의 설명은 이렇다. 자신이 정말로 딥스로트였다면 그 사실을 자신이 인정하길 기대할 순 없지 않겠나, 자, 안 그런가? 그렇다고 자신이 딥스로트라는 건 아니라고 재빨리 덧붙인다.'

펠트는 월스트리트저널 기자에게 자신을 딥스로트라고 여긴 그 이유에는 반대하지 않는다고 했다. '하지만 그 결론에는 분명 반대한다. 나는 그냥 그런 사람이 아닐 뿐이다.' 그 인용구를 읽은 일이 기억난다. 그걸 읽고 나는 위축되었다. 딥스로트는 아마 '꾸며낸 인물'일 거라고 펠트는 월스트리트저널 기자에게 말했다. 내가 알기로 그 이론을 처음 퍼뜨린 사람은 펠트였다. 이 역시 가짜 단서이자 딥스로트에 대한 최고의 은닉이었다.

지금은 나도 FBI 요원 두 명이 집으로 가서 심문 요청을 했다는 것을 안다. 그 요원 중 하나는 안젤로 라노였고 1972년에 워싱턴 현장 사무소에서 FBI 워터게이트 수석 수사관으로 재직했다. 라노 요원은 근처 여관에서 심문할 거라고 말했다. 이 말을 듣고 펠트는 심문 과정이 녹음될 거라고 의심했다. 전직 고위급 관료였기 때문에 FBI 국장인 클라렌스 켈리의 사무실에서 질문받을 거라고 펠트는 기대했었다. 그는 펠트에게 헌법상의 권리를 일러주고 서명하라고 했다. 펠트는 읽지도 않고 서명했다. 이에 라노가 불같이 화를 내자 펠트는 라노에게 당신보다 더 많은 사람을 상대로 이 절차를 거쳤노라고 말했다.

그 조사는 세그레티에 대한 FBI 문서가 뉴욕타임스에 누설됐던 일에 관한 것이었다. 펠트는 자신과 상관없는 일이라고 부인했다. 빗발치는 질문과 수사 열기가 자신을 향해 되돌아오고 있었고 펠트는 그게 조금도 달갑지 않았다. 나는 당시 몰랐으나 펠트는 딥스로트 역할뿐 아니라 그보다 더 큰 비밀도 지니고 있었다.

닉슨은 1974년 8월 8일 밤 사임을 발표했다. 나는 펠트에게 전화하고 싶은 유혹을 느꼈다. 그저 잘 지내나 보고 싶었고 아니면 그에게 감사하고 싶기도 했다. 이제 우리는 끝까지 대화할 수 있지 않을까? 어쩌면 둘 다 점잖아진 모습으로 그의 집에서 만날 수 있을지 몰랐다. 결국에 우리 둘 다 자기 방식대로 닉슨에 관해 옳았던 것 아닌가, 안 그런가? 그가 딥스로트였다는 것이 우리 사이를 가로막아서는 안 되었다. 그렇지만 전화를 받지도 않고 끊어버리는 취급을 또 당하고 싶진 않았다. 나는 두려웠다. 한 번의 전화로 휴면기에 들어간 무언가를, 배반감을, 분노를, 실망감을 풀려나게 만들 수 있었다. 하지만 이 불안전한 관계에 관한 생각이 머릿속을 떠나지 않아 고통스러웠다.

칼과 나는 워싱턴포스트에서 또다시 휴가를 받아 닉슨 재임 마지막 해와 대통령의 권한 붕괴를 책으로 쓰고자 했고 제목은 〈더 파이널 데이즈〉였다. 닉슨과 그의 변호사, 백악관 직원들에게 초점이 맞춰져 있었다. 딥스로트도 마크 펠트도 언급되지 않았다.

이 기간에 펠트가 도널드 세그레티에 대한 FBI 문서를 뉴욕타임스의 존 크루슨에게 유출했다는 혐의로 FBI 수사가 이어졌다.

닉슨이 사임하고 3개월이 지난 1974년 11월 17일에 펠트 수사에 관한 로스앤젤레스타임스 기자 로날드 오스트로의 기사가 워싱턴포스트의 1면에 나왔다. 오스트로는 최고의 법무부 기자였으므로 워싱턴포스트 에디터들이 신뢰했다. 그러니까 그 기사는 뉴욕타임스에 유출된 수사 내용에 관해 로스앤젤레스타임스가 워싱턴포스트에 실은 기사였다. 완벽했다.

오스트로는 펠트를 인터뷰했다. "딥스로트라는 혐의가 있으므로 '크루슨에게 문서를 준 사람은 분명 펠트일 것이다.'라고 FBI가 말했다. 하지만 우드워드나 번스타인에게 어떤 정보도 누설하지 않았다. 나는 딥스로트가 아니다. 어떤 정보도 크루슨에게 누설하지 않았다. 나는 크루슨에게 어떤 문서도 주지 않았다. 전부 말도 안 되는 일이고 모욕적인 일이다."

펠트는 1975년에 정보기관의 권력 남용을 수사 중이던 상원 위원회에 다섯 번이나 불려가 증언을 했다. 뉴욕 주 민주당원 벨라 앱저그 대표가 의장을 맡은 하원 위원회 앞에 나가 후버의 기밀 파일에 대해서도 증언해야 했다. 굴욕에 또 굴욕이 쌓여갔다. 수사에 대해 잘 아는 펠트는 아주 많은 걸 목격한 증인은 중요한 순간에 사건 현장에 있었기 때문에 결국 뭔가를 저지른 게 분명하다는 쪽으로 결론이 난다는 걸 알았다. 증인이 피고가 되는 일은 시간문제였다.

　FBI 파일에는 〈모두가 대통령의 사람들〉이 FBI를 얼마나 괴롭혔는지를 보여주는 1975년 3월 25일 자로 된 메모가 있다. 고위급 관료 R.E. 롱은 또 다른 한 고위급 관료에게 '워터게이트 수사 정보 일부를 해당 수사 중 FBI가 잃은 특권을 전부 복원할 목적으로' 공개해도 되겠냐고 서면으로 질의했다. 그런 정보가 나오면 〈모두가 대통령의 사람들〉이란 책과 그 독자들이 FBI 대신 칼 번스타인과 밥 우드워드가 워터게이트 사건을 해결했다는 식으로 만든 거짓 인상을 없애는 데 도움이 될지도 몰랐다.

　"…우리 수사 기록과 〈모두가 대통령의 사람들〉에 인용된 사건들의 연대기를 대조해보면 우리가 상당 부분에서 이 워싱턴포스트 기자들을 계속 앞서갔다는 걸 알 수 있습니다. 그들은 기본적으로 우리가 심문한 인물들을 인터뷰하고 있었고 그러한 인터뷰 대상이 대배심 앞에서 증언할 때도 많았습니다. 양측의 차이점은 워싱턴포스트 기자들은 알게 된 게 있으면 (혹은 알게 되었다고 생각한 것이 있으면) 앞뒤 안 가리고 노골적으로 썼지만, 우리는 알아낸 것을 연방 검사와 법무부에서 기소를 고려하도록 할 목적으로만 보고했다는 것이고 그 결과 크게 잘못된 이미지가 만들어졌습니다." 롱이 언급하지 않았고 펠트가 알고 있던 점은 그러한 정보는 대중에게 공개되기 전까지는 그 어디로도 전달되지 않는다는 것이었다.

롱은 항소 가능성 때문에 당시 그 FBI 파일들은 배포할 수 없다고 결론 내렸다. 연방 검사와 법무부는 수사와 기소를 워터게이트 도청 사건에만 국한하라는 백악관의 정치적 압박에 굴복하며 FBI를 저버렸다. 연방 검사 얼 실버트도 마찬가지였다. 그는 법무부 꼭대기와 백악관까지 부패했다는 걸 믿으려 하지 않았다. 특별 검사가 임명되고 나서야 방해 공작과 첩보 활동 문제로까지 더 넓게 확대되었다. 달리 말하면 1972년에는 은폐가 잘 되고 있었다는 것이다.

1976년 4월에 〈모두가 대통령의 사람들〉 영화가 나왔다. 더스틴 호프만이 칼을 연기하며 어디로 튈지 모를 집념을 포착했다. 레드포드가 나를 연기했고 제이슨 로바즈가 마치 쌍둥이처럼 브래들리를 연기했다. 브래들리의 태도와 열정도 완벽히 표현되었다. 로바즈는 아카데미 최우수 조연상을 받는다. 사실 이 영화는 백악관 영화가 아니라 저널리즘 영화였다. 영화의 중심은 워싱턴포스트의 뉴스룸이었다. 닉슨과 그의 추종자들은 뉴스룸 안에 있는 TV에 나오거나 전화 너머로 사실을 부인하는 목소리만 형체 없이 나올 뿐이었다.

냇 헨토프는 컬럼비아 저널리즘 리뷰에 이렇게 썼다. "어느 장면들은 기자들에게 익숙한 그 끈질김이 너무나 설득력 있어서 이 영화를 보는 기자는 앉아 있는 내내 마감일을 놓칠까 봐 불안감을 느낄 수도 있다."

1991년 워싱턴포스트 중역이 된 레너드 다우니는 원래 우리의 워터게이트 에디터였는데, 마이클 셔드슨의 1992년 저서 〈미국인이 기억하는 워터게이트〉에서 이렇게 말했다. "작아지는 느낌이었어요. 대단해지고 강력해지는 느낌이 아니었어요. 우쭐대지도 않았습니다. 책임감이 너무나 컸습니다. 대통령이 사임할 줄은 정말 몰랐어요. 저희는 대부분 대통령이 사임한 그 밤에 아무것도 못 했습니다…. 이 일을 해낸 건 소수였고…, 지금도 그렇습니다. 그게 여전히 차이를 만드는 부분이죠. 그게 사람들에게 제가 일깨워주고 싶은 워터게이트의 교훈입니다. 힘들었어요. 당시는 화려하지도 않았고요. 나중에는 영화도 나오고 케네디 센터에서 시사회도 하고 화려해졌어도 당시에는 지저분했어요. 잠도 안 자고 샤워도 안 했죠. 번스타인 책상은 엉망이었고, 번스타인과 우드워드는 늘 다퉜고…. 다들 엄청난 압박을 받았고 사방이 적인지라 일이 어떻게 되어가는지 알아내기도 어려웠습니다. 사람들은 우리가 신문사를 말아먹을 거라고 캐서린 그레이엄에게 쑥덕거렸지요."

영화가 포착한 것의 일부는 그것이었다. 불확실성과 의심. 취재원과 정보원은 보통은 계급이 낮고 벌어지는 음모의 극히 일부만 보는 사람이었다. 앨런 J. 파큘라 감독은 딥스로트 역으로 배우 할 홀브룩을 선택했다. 홀브룩은 노련한 배우로 머리가 좋고 뛰어난 사고방식을 지녔더랬다. 그야말로 전체를 아는 것 같으면서도 모든 것을 말하려 들지는 않는 사람이었다. 지하 차고 속 딥스로트의 권위, 노련함, 강함, 냉소, 무뚝뚝함을 잘 포착한 강렬한 연기였다.

2002년 2월 16일 뉴욕타임스에 릭 라이먼이 쓴 기사에서 영화 〈트래픽〉으로 오스카 최우수 감독상을 받은 스티븐 소더버그 감독이 〈모두가 대통령의 사람들〉을 봤다면서 이 영화가 가장 좋아하는 영화에 들어가는 이유를 설명했다. "장면들이 그저 놀랍기만 했어요. 장면 속 모든 것이 놀라워요. 조명 들어오는 방식, 촬영 방식, 대사, 음향."

"우드워드가 어두운 차고지를 헤매는데 그의 발소리가 들리고 주변은 조용하죠. 웅웅대는 에어컨 소리가 배경에 깔려 있고요. 드디어 우드워드가 기둥에 다다르자 몇 미터 떨어진 곳에서 검은 그림자(할 홀브룩)가 담뱃불을 붙여 들어온 주황색 불빛에 비추어 시야에 들어오죠. 차가운 색과 따뜻한 색이 다시 섞이면서요. 그저 완벽합니다."라고 소더버그는 말했다. "피상적으로만 볼 때 그 장면은 어두움과 무채색 속에 가려져 있습니다. 하지만 특별한 오묘함과 다양성이 컬러와 질감에서 드러나 있습니다."

"클로즈업 장면에서 홀브룩의 눈에 조명이 직접 들어오는데 아마도 두 단계 낮췄을 겁니다. 겨우 인식할 수 있을 정도로요." 소더버그는 말했다. 그같은 연출은 배우를 한밤중에 숲에 숨은 동물이나 흡혈귀처럼 보이게 한다. "측면으로 또 불이 꺼져 있어 홀브룩의 둘레에 선이 그려지고 옆얼굴이 강조되지요. 그를 보세요. 마치 유령 같아요." 하지만 레드포드가 대사를 말하려고 등장하면 그 모습이 많이 달라 보인다. 여전히 어둠 속에 있지만 그러면서도 약간 따뜻한 색이 그의 얼굴을 비춘다. "보세요, 레드포드는 혈색이 드러나는데 홀브룩은 완전히 흑백이에요. 딥스로트는 사람도 아닌 거죠." 딥스로트 시퀀스는 "너무나 아름답게 구성됐어요. 두 사람 사이 힘의 역학이 아주 잘 그려져 있죠. 아니요, 저는 이 장면이 이 영화의 진짜 핵심이라고 봅니다."

이 글은 영화가 나온 지 25년이 지나 쓰인 것이고, 나는 딥스로트 장면이 이 영화의 진짜 핵심이라는 데 동의하지 않는다. 나는 파큘라 감독에게 이 장면들을 어떻게 할지는 직접 생각해야 할 거라고 말했다. 내가 아는 것은 전부 책에 썼고 지하 차고를 그에게 보여줄 생각은 없었다. 하지만 영화 속 장면들은 그 관계의 소용돌이를 포착한다. 더 중요한 것은 그 장면들이 저널리즘에 대한 중대한 질문을 던진다는 것이다. 기자는 내부로 얼마나 침범할 수 있는가? 기자는 어떤 일이 일어나는지를 얼마나 사실에 가깝게 알 수 있는가? 딥스로트는 내부고발자였으나 저널리즘의 한계를 극적으로 드러낸 사람이기도 했다. 진실의 묘약 같은 건 없다. 정보원은 자신이 정한 규칙으로 게임에 임한다. 최고의 정보원은 자신이 어떤 규칙에 따라 게임을 하는지 알려주지 않는다.

영화가 나왔을 때 리뷰는 대체로 강렬했다. 로저 에버트는 홀브룩에 대해 이렇게 말했다. "홀브룩은 불안하게 분리되어 있어 마치 공허하게 웃으며 상황을 관찰하는 것 같다." 타임지는 이 영화를 커버에 실었다. "할 홀브룩은 역할을 눈부시게 해내면서 딥스로트에게 오만함과 우월감을 덧입혀 그 유명한 가상 인물의 행동을 해명해 주었다."

오만함! 우월감! 그러면서도 해명이 되는 행동! 이 편집증적인 우정을 헤쳐나갈 방법을 찾고 있었다. 펠트에게 전화해 어떻게 생각하는지 묻고 싶은 유혹이 들었다. 매일같이 그의 집 앞에 찾아가던 일을 다시 해야 하나? 어쩌면 홀브룩이 펠트를 극적인 영웅으로 연기한 일이 우리 사이에 솟은 빙산을 녹여줄지도 몰랐다. 아니면 그 빙하가 여전히 커지는 중이었을까? 하지만 기본적으로 나는 배짱이 없었다. 나는 아무것도 안 했다.

당시 내가 몰랐던 사실은 마크 펠트가 큰 법적 소송에 휘말려 변호사 자격마저 위험한 상태였다는 것이다. 1972년 5월 사망하기 전 6년 동안 후버는 소위 '블랙 백 잡' 즉 무단 침입을 금지했는데 웨더 지하 조직이 부상하면서 상황이 달라졌다. '웨더맨'은 미국의 테러리스트 중 가장 급진적이고 폭력적으로 여겨졌다. 그 집단이 1971년에는 의회를 그다음 해에는 국방부 폭파를 자행했다는 증거도 있었다. 1972년 7월 18일 그레이는 펠트에게 웨더 지하 조직을 언급하며 이런 노트를 썼다. "소탕해. 무슨 수를 써서든."

펠트는 누구 못지않게 일을 알아서 처리하는 성향이 있었는데, 이 말은 FBI가 침입을 재개할 수 있게 되었다는 뜻이라고 결론지었다. 웨더 지하 조직에 대해 펠트가 느꼈을 히

스테리에 가까운 베트남 전쟁의 시대적 상황을 그 당시에는 이해하지 못했다. 펠트는 1979년에 출간된 회고록을 이러한 진술로 시작했다. '60년대 말과 70년대 초, 이 나라는 전쟁(내전)중이었으나 그 사실은 오직 소수만 알고 있었다. 웨더 지하 조직은 쿠바에서 훈련받고 공산당 혁명조직임을 선언했으며 미국에 대한 대대적인 전쟁을 선포했다.' 그 회고록은 이 단체에 대해 과장되게 논평했다. 펠트는 조지 W. 부시 대통령처럼 선제공격 원칙을 채택하였고 그러한 무단 침입을 수행하고 4차 수정헌법을 따르지 않은 것을 이렇게 정당화했다. "폭탄이 터질 때까지 기다리는 대신 폭력을 막고 체제 전복 행위를 방지하는 것이 FBI의 일이다."

펠트와 FBI 수석 정보요원 에드워드 S. 밀러는 FBI 특수요원의 침입을 허락하기로 정했다. 웨더맨의 친인척이 사는 집과 사무실에 은밀히 침입하는 것이 도망자들을 찾기에 좋은 방법일 것 같았다. 펠트는 블랙 백 잡(무단침입) 최소 5건을 그레이에게 묻지 않고 승인했다.

1976년 여름에 기사들이 나오면서, 웨더맨 사건에 관한 FBI의 침해 여부를 법무부에서 수사하기로 했는데 기소 면제된 125명의 전 현직 FBI 요원에게 집중되었다.

'이런 식으로 가해지는 강압이 결국 나를 표적으로 삼을 것임은 불 보듯 뻔했다.'고 펠트는 회고록에 썼다.

1976년 그 여름 FBI의 무단침입은 워터게이트의 그 모든 함축적 의미가 담긴 특종이었다. 그래서 그 보도 경쟁에는 나도 뛰어들었다. 칼은 워싱턴포스트에서 나간 뒤였다. 나는 신문사의 또 다른 기자인 브루스 하워드와 함께 펠트와 에드 밀러를 만나 이야기를 나눴다. 두 사람 모두 팻 그레이가 웨더맨 침입을 허락했다고 했다. 펠트가 자신의 말을 공개해도 좋다고 했으므로 우리는 신문에 인용했다. "그분 승인을 받아 조치한 것으로 확신합니다." 그분이란 그레이를 두고 한 말이었다. "그런 인상을 강하게 받았습니다⋯. 그레이가 한 말을 정확히 반복할 수는 없으나 재구성할 수는 있습니다." 펠트는 평소와는 다른 분위기로 그때로 되돌아간다 해도 침입을 승인할 거라고 말했다. "제가 한 일이 저는 자랑스럽습니다." 이어 그는 "웨더맨이 얼마나 폭력적이었는지 말했다. "살인자, 테러리스트를 상대하고 있었다는 걸 기억해야 합니다⋯. 핵심은 폭력입니다. 그들은 대량살상을 계획하고 있었습니다⋯. 이자들의 악랄함에 주목하셨으면 합니다. 우리는 광신도를 상대하고 있던 겁니다."

"곧 폭탄이 터질 거란 걸 미리 알았는데 귀를 막고 기다릴 수만은 없습니다." FBI의 무단침입이 별다른 성과가 없었다는 것은 그도 인정했다. "이자들은 수백 건의 폭파사건이 자신들의 짓이라고 주장했고 우리는 그 폭탄이 나돌기 전에 제거하고자 했습니다…. 우리에게는 그래야 할 의무가 있었습니다."

"저는 헌법의 정신과 법조문을 준수했다고 생각합니다…. 한 사람의 권리를 위해 수백 명을 해치는 일이 허용되면 안 됩니다." 나는 이 말을 전부 신문에 냈다. 이상하고 조금은 가식적인 말이었다. 그는 자신의 행동을 정당화할 이론을 만들고 있는 것 같았다. 그리고 분명 63세의 나이로 기소되어 감옥에 갈까 봐 걱정하고 있었다.

나는 전직 법무장관 리처드 클라인딘스트를 추적했는데 그는 무단침입은 절대 허용 못 한다고 말한 바 있었다. 1976년 8월 27일에 나는 펠트가 자기방어를 펼친 것을 일부 약화하는 기사를 일면에 썼다. 클라인딘스트는 포스트 말고 다른 언론사에도 그 말을 할 작정이었으므로 내가 보도한 것이 펠트의 문제를 더 키웠다고는 생각되지 않았다.

다음번 그에게 말을 걸었을 때는 격노한 상태였고 냉랭했다. 펠트는 회고록에서 토마스 제퍼슨의 말을 인용할 만큼 강한 신념의 소유자였다. '필요에 의한 법, 자기 보전을 위한 법, 위험에 처했을 때 나라를 구할 법이 우리가 지켜야

할 더 숭고한 의무다. 성문법을 양심에 따라 지키려다 국가를 잃는다면 이는 법 자체를 잃는 것이다.'

그래서 펠트는 자기 선에서 법을 판단한 것이었다. 전직 법 집행관이 했다고 보기엔 조금 신기한 주장이었다. 그는 자신에 대한 수사가 매우 부당하다고 굳게 믿고 있었다. 대중 앞에 나가 딥스로트였다고 밝히고 싶어 하지 않은 이유가 뭔지 나는 분명히 알 수 있었다.

그는 다음 2년 동안 기다렸다. "내 아내와 가족은 앞으로의 내 운명에 대한 공포와 불안에 시달리게 되었다."고 그는 썼다.

CHAPTER 10

The Secret Man

1976년에 FBI 침입에 대해 보도하던 중 고위급 법무부 관료와 점심을 함께 했다. 극비리에 이야기를 나눈 자리였다. 2005년에 그는 비밀 유지 의무를 해제해서 공표해도 좋다고 했다. 그 관료는 법무부 보좌관 스탠리 포팅거였다. FBI 침입 사건 관련 대배심 수사 담당이기도 했다.

1976년 워싱턴 D.C. 시내 레스토랑에 앉아 포팅거는 마크 펠트가 대배심 앞에서 증언할 때 좀 이상한 일이 있었다고 했다. 포팅거는 펠트가 닉슨 정부가 FBI에게 블랙 백 잡을 수행하라고 압력을 가했는지 질문을 받았다고 했다. 펠트는 압력에 대해서는 부인했지만 자신이 백악관에 자주 드나들어 어떤 이들은 그 자신을 딥스로트인 줄 알더라고 자진해서 말했다. 포팅거와 법무부의 다른 변호사들이 심문을 마친 후 관례대로 포팅거는 일반시민으로 구성된 대배심에 증인에게 할 질문이 있는지 물었다. 한 남자가 손을 들더니 이렇게 물었다. "당신이었소?"

"제가 뭐요?" 펠트가 물었다.

"당신이 딥스로트였어요?"

너무 놀란 나머지 펠트가 백지장처럼 하얘졌다고 포팅거는 말했다. 점심을 먹으며 이 이야기를 듣는 나도 아마 백지장처럼 하얘졌을 것이다.

"아뇨." 처음에 펠트는 이렇게 대답했다.

이어 포팅거는 자리에서 벌떡 일어나 속기사에게 기록을 중단하라고 지시했다고 했다. 그러고 나서 증인석으로 가 펠트에게 이렇게 속삭였다고 했다. "진실만 말하기로 맹세하셨으니 사실대로 답하셔야 합니다. 다만 이 질문은 공식 수사 범위를 벗어난다고 여겨지니 원하시면 그 질문은 철회하겠습니다. 어떻게 하길 바라십니까?"

펠트는 얼굴을 붉히며 서둘러 요청했다. "질문을 철회해 주십시오."

포팅거는 내게 함박웃음을 웃어 보이며 질문과 답을 공식적으로 철회했다고 하면서 자신은 그것으로 충분했다는 불길한 말을 덧붙였다. 펠트가 비밀 취재원임을 확신한 것이었다.

나는 놀랐으나 포커페이스를 유지하려 애썼다. 포팅거는 내가 확인도 안 하고 부인도 안 하려 애쓰며 일종의 곡예를 하더라고 회상한다. 그 후 언젠가는 이런 횡설수설까지 했다고 한다. "그러니까, 누가 취재원일 수도 있다는 게 꼭 딥스로트라는 뜻은 아니죠." 또는 "취재원은 자신이 딥스로트라고 생각할 수도 있죠. 실제로는 아니어도요." 내가 그렇게 말이 안 되는 소리를 하지 않았기를 바라고 그랬을 것 같지도 않다. 하지만 나는 펠트의 정체가 알려질까 봐 전전긍긍했다. 나에 대한 펠트의 신뢰는 내가 쓴 〈모두가 대통령의 사람들〉에 우리의 미팅 내용이 실린 뒤 흔들리는 상태였다. 딥스로트에 대해 위증했다며 사람들이 자신을 가만두지 않을까 봐 펠트는 걱정할 것이었다. 전반적으로 펠트는 자신이 위험스럽게 노출되었다고 느끼고 있었을 거란 걸 나는 깨달았다.

포팅거는 그 누구에게도 발설하지 않겠다고 했다. 하지만 아무리 대배심 기밀 유지 규정이 엄격해도 이런 얘깃거리는 어떤 식으로든 말이 흘러나오기 마련이다. 어쩔 수 없는 일이었으니 언제고 가면이 벗겨질 순간을 기다리며 나는 숨죽이고 있었다. 포팅거에게 약속을 받아내고자 하면 그에게 확인해주는 꼴만 될 테니 그럴 마음은 안 생겼으나, 얼굴에 번진 미소만 봐도 그가 확신하고 있다는 건 분명했다.

1977년 여름에는 매사추세츠의 법무장관 고 로버트 케네디의 미망인 에델 케네디의 집에 손님으로 갔다. 어느 밤 식당에 들어가니 스탠 포팅거가 있었다. 맥베스에서 유령 뱅쿠오가 나오는 장면을 보듯 나는 불편하게 그를 쳐다봤다. 케네디가의 저녁 식탁은 가십과 음모론이 한바탕 쏟아져 나오는 장이었는데, 누구든 좋은 이야기가 있으면 떠들

썩한 갈채와 함께 환대를 받곤 했다. 포팅거는 물론 갈채를 받을 만한 훌륭한 이야깃거리가 있었다. 와인 잔이 오가고 대화가 흐르는 동안 나는 두려움이 점점 커졌다. 상원의원 에드워드 M. 케네디도 자리해 에델과 함께 앞다투어 손님들에게서 이야기를 끌어내고 있었다.

사람들 시선은 대부분 케네디 대통령의 미망인 재키 케네디에게 가 있었고 바로 옆에는 포팅거가 있었다. 나는 그들 건너편에 앉았다. 나는 이번에 처음으로 재키 케네디를 만났는데 상냥하고 가냘픈 목소리로 워터게이트 사건 폭로는 몇 년 동안 있었던 일 중에 분명 최고라고 했다. 〈모두가 대통령의 사람들〉 책과 영화에 대해서도 잘 알았고 하고 싶은 말과 질문도 많았다. "그래서 딥스로트는 누구였죠?" 전 영부인이 물었다. 나는 얼어붙었다. 내가 뭔가 이런 말을 한 것으로 포팅거는 기억한다. "스탠은 자기가 안다고 생각합니다, 안 그래요?" 내가 좀 더 신중했기를 바라고 그랬다고 믿는다. 최신 유행하는 긴 머리에 잘생긴 남자인 스탠 포팅거는 나를 빤히 보더니 함박웃음을 터뜨렸다. 긴 침묵이 흘렀고 실망한 손님들의 탄식이 터져 나왔다. 그 여름 케네디가의 디너 테이블에서는 딥스로트 신원이 정확히 밝혀지지 않을 거란 게 이내 분명해졌다. 포팅거는 내가 그 질문으로 자신을 시험하는 줄 알았다고 나중에 말했다. 나는 그를 믿지 앉았으나 고맙게도 그는 비밀을 거의 삼십 년 동안 지켜주었다. 2005년에 만났을 때 그는 기자가 비밀 취재원의 비밀을 유지하는 것이 매우 중요하다면서 딥스로트의 신원을 밝히는 데 어떤 식으로든 관여하고 싶지 않았다고 말했다. 포팅거는 이렇게 덧붙였다. "그의 묘한 태도에서 그가 느낀 무게가 어땠는지 알 수 있지. 분명 쉽지 않았을 거야. 내 보기에 자네에게 정보를 제공한 건 옳은 판단이었지만 아마 그에겐 자신의 모든 본능을 거스르는 일이었을 걸. 인간이라면 누구나 가장 힘들었을 일이야."

1978년 4월 10일에 연방 대배심은 그레이, 펠트, 밀러를 '불법인 걸 알면서도 웨더맨의 친인척이던 미국 시민들을 다치게 하고 억압한' 혐의로 기소했다. 이는 워싱턴포스트지에 대서특필되었다.

그 뒤 언젠가 나는 펠트에게 전화를 걸었다. 그는 지치고 피곤한 목소리였다. 약간은 우물쭈물하며 기죽은 목소리였는데, 자신이 감옥에 갈 일은 절대 없다고 믿었을 것이다. 그는 중범죄로 기소되었는데 유죄판결을 받는다면 징역 10년이나 벌금 1만 달러 아니면 둘 다 받을 수도 있다는 뜻이었다.

일이 이렇게 돼 정말 유감이라고 나는 말했다.

그는 말이나 행동으로 내 이름이나 목소리를 못 알아듣는 척했다. 연민을 느껴 전화한 낯선 사람 대하듯 말이다.

"고맙소." 건조하고 날 선 목소리로 그는 말했다.

돌파구를 마련해 보려고 이런 말도 했다. "밥 우드워드, 밥 우드워드, 아시잖아요, 워싱턴포스트요?"

그는 신음했던 것 같다.

나는 그의 삶에 문제만 일으켰던 것이다. 닉슨의 침입과 자신이 한 행동에 대해 그가 느끼던 역겨움을 상쇄할 길은 없을까? 국가 보안에 대한 우려가 너무 지나쳤던 것은 아닌가? 묻고 싶었다. 하지만 그는 나와 대화하거나 옥신각신할 기분이 아니었다. 나는 안녕히 계시라고 인사했다.

나는 웨더맨 침입에 관해 확실한 의견은 없었지만 그다지 잘한 일 같지는 않았다. 내게는 딥스로트로서 그가 해준 역할에 대해 밝힐 수 있도록 펠트를 설득할 수 있으리란 환상이 있었다. 거의 모두가 그를 영웅으로 볼 것이었다. 무슨 일을 했는지 왜 그런 일을 했는지만 설명하면 되는 거였다. 아마도 대중은 그의 편이 되어줄 것이다. 재판에 내가 증인으로 나갈 수 있다고도 생각했다. 극적으로 나타나 선서를 하고 그가 닉슨, 법무부, 그레이 등에 대해 기꺼이 제보한 것을 열거하는 것이다. 이분은 용기 있는 분이라고. 아닌가? 하지만 확신할 순 없다는 생각이 들었다. 나는 이내 그를 걱정하면서 그가 자신이 누구인지 깊이 감춘 상태였다는 데 연민을 느끼기 시작했다.

하지만 다시 한번, 이 또한 그의 계산이었다는 걸 알게 되었다. 정체가 발각되거나 자신의 정체를 직접 밝힌다면 그 자명한 모순을 어떻게 설명하겠는가? 그는 딥스로트가 아니라는 것에 이미 너무 많은 것을 건 상태였다. 명예는 어디로 갈까? 다른 일에서 누가 그를 믿어줄까? 위증죄가 성립할 수도 있었다. 그 덫을 본 것이었으리라. 안전할 수 있는 유일한 길은 일관되게 밀고 나가는 것이었다. 그는 자신의 길을 선택한 것이었다.

그가 말하는 동안 내가 그에게 보고 이끌렸던 통찰력이나 유머가 거의 느껴지지 않았다. 기소가 있은 지 열흘 뒤 펠트와 그레이와 밀러가 모두 진술을 위해 워싱턴 D.C. 시내에 있는 연방 직할지 법원에 나타났다. 나는 갈까도 생각했으나 가지 않기로 했다. 나를 보면 그는 폭언을 퍼부을 수도 있었다. 그가 어떻게 행동할지 무슨 말을 할지 알 수 없었다. 그가 월스트리트 저널에 한 진술이 마음에 걸렸다. "저는 그런 사람이 아닙니다." 자신이 누구인지 그는 알았을까? 나는 알았을까? 부인하는 것은 그가 스스로 만들어 낸 정체성에 깊이 박힌 것처럼 보였다. 그는 자기 이야기를 열 번 아니 백 번을 반복해서 말한 증인 같았다. 자신의 이야기를 고수해야 했던 그는 여러 해가 지나는 동안 그 이야기를 믿게까지 됐던 것 같다.

펠트 일행의 모두 진술이 있던 날 전 현직 FBI 요원 약 1천 2백 명이 모여 그들을 지지하는 침묵시위를 벌인 것으로 경찰은 추산했다. 펠트는 자신이 괴로워하는 것처럼 보이지 않길 바라는 마음에 출판된 버전에선 초고의 드센 표현을 일부 삭제했다고 했다. '화나고 좌절한 건 맞다. 하지만 괴로운 건 아니다.' 그는 자신을 제대로 몰랐던 것 같다. 그는 분노에 차 있었다. 그가 적잖은 역할을 한 워터게이트 폭로와 자신의 기소 및 수감 가능성의 연관성에 대한 그의 생각은 어떨지 궁금했다.

펠트는 회고록 〈FBI 피라미드〉를 1979년에 출간했는데 자신의 재판이 열리기 전이었다. 책에는 이렇게 나와 있었다. "마크 펠트, 그 유명한 밀고자 딥스로트라는 소문이 돌던…." 얼마나 이상한가, 나는 생각했다. 자신이 '유명한 밀고자라는 소문이 돌던'이라 하고는 책 내용에서 그 일을 단정적으로 부인하다니 말이다. 나는 〈FBI 피라미드〉 한 부를 문고판 현행 가격 12.95달러에 구매했고 그 책을 자세히 읽었다. 225쪽에 가서야 펠트는 내게 정보를 제공했느냐 하는 의문을 다뤘다. 1973년 초에 그레이는 법무장관 클라인딘스트가 펠트를 내보내야 할 수도 있다고 한 말을 펠트에게 전했다. "자넬 내보내야만 할 수도 있어."라고 그레이는 말했다. "백악관 참모들은 우드워드와 번스타인에게 정보를 누설한 취재원이 자네라고 확신한다는군."

펠트는 자신이 이렇게 답했다고 했다. "팻, 나는 어떤 정보도 그 누구에게도 누설하지 않았어요. 그들이 틀렸소!"

"자네 말을 믿어, 하지만 백악관은 그렇지 않아. 클라인딘스트가 자네를 내보내라고 서너 번 정도 말했는데 내가 거부했다고. 더 높은 데서 온 명령이라는 말은 안 했지만 분명 그랬을 거라고." 그레이는 답했다.

펠트는 이렇게 결론 내렸다. '이렇게 알려주니 불쾌하고 갑작스러웠으나…, 속에서 화가 치미는 게 느껴졌으나 그래도 그레이가 지지를 표해준 것은 매우 고마웠다.' 후버가 사망한 뒤 FBI 국장으로 임명되기를 바란 건 사실이나 그레이를 질투한 것은 아니라고 썼다. '나는 우드워드와 번스타인 또는 그 어떤 사람에게도 결코 정보를 누설하지 않았다!'

'우드워드와 번스타인에게 정보를 누설하지 않았다.'고

한 말은 문자 그대로 진실이었는데 일부러 그렇게 말한 것인지 궁금했다. 그는 칼을 만난 적이 없었으니까. 거래는 나하고만 이뤄졌다. 그는 FBI 파일의 디테일에 관한 한 세심한 주의를 기울이며 나와 거리를 두었다. 그는 자신이 정보를 '누설'한 게 아니라고 여기는 건 아닐까 의심스러웠다. 그는 내가 가진 정보를 확인하고 방향을 이끌어주도록만 돼 있었으니까. 하지만 그가 확인하고 안내해준 내용을 전부 합치면 정보 누설 그 이상이었다. 그것은 로드맵이었다.

그 책의 말미에 홀더먼이 텔레비전 인터뷰에서 펠트가 딥스로트였다고 진술했다는 것을 알렸다. 하지만 홀더먼이 마음을 바꿔 그 취재원은 존 딘 밑에 있던 백악관 부보좌관, 프레드 필딩이라고 믿었다고 했다.

닉슨이 펠트가 우리에게 정보를 제공한다고 생각했다는 것이 백악관 테이프에서 드러났다는 것도 말했다. 그가 그렇게 전적으로 부인하려 했다는 게 나는 좀 불쾌했지만, 뒤돌아보면 볼수록 그는 재판에 집중하고 있었다는 걸 알 수 있었다.

펠트와 다른 사람들에게 벌어진 일은 이 침입에 대해 배심원 앞에서 무엇이 밝혀질 수 있는가에 대한 따분한 법정 다툼이었다. 고도의 국가 안보였는가 아니면 권력의 불법 남용이었는가? 작전에는 '프로그램 C'와 같은 코드명이 붙었는데 아마도 보안을 위해서였던 듯하다. 법적 난국이었다. 검사 측은 팻 그레이에게 따로 재판을 받게 하기로 했다. 펠트와 밀러는 함께 재판을 받는 것으로 정해졌다. 1980년 가을에 워싱턴 D.C.의 연방 법원 청사에서 재판이 얼마나 오래 걸리든 격리상태로 있어야 할 배심원이 여성 여덟에 남성 넷으로 구성되었다.

1980년 10월 29일 수요일은 특별한 재판이 있는 날이었다. 67세였던 그 증인은 포스트 기자, 로라 A. 키어넌이 썼듯이 친숙한 얼굴과 머리 모양에 '분칠을 한 유령' 같은 모습이었다.

진실만을 말할 것을 맹세한 뒤 그 증인은 자리에 앉아 자신은 은퇴했다고 했다.

"당신은 미국의 대통령이었습니까?" 검사가 물었다.

"예." 닉슨은 말했다. 그는 검사 측에서 요청한 증인이었다. 사임한 뒤 그가 재판에서 증언한 건 이때가 처음이자 마지막이었다. 그는 1970년 국가 보안 사건에 불법 침입하는 작전인 휴스턴 계획을 승인했던 경위를 설명했다. 웨더맨이 외국 정부와 연관되어 있다는 '탄탄한 증거'가 있었으므로 그 도망자들을 하루빨리 잡아야 국가와 국민이 안녕할 것으로 생각했다고 닉슨은 말했다.

사람 미치게 하는 45분간의 증언이었다. 펠트와 에드 밀러가 허락한 다섯 건의 침입을 승인했느냐는 질문이 나오지 않았기 때문이었다. 닉슨은 펠트의 편을 드는 듯이 보였는데, 대통령으로서 국가 보안이 위협을 받는 경우라면 침입을 명령할 권한이 있고 FBI 국장에게 위임했다고 믿었기 때문이었다. 휴스턴이 대통령에게 '블랙 백 잡(무단침입)'은 '명백히 불법'이라고 했으나 닉슨은 국가 보안은 모든 것을 초월한다고 했다. 대통령의 허가를 받았다는 것은 '대통령의 허가가 있을 때 불법이던 것도 합법적인 일이 된다.'는 뜻이라고 닉슨은 주장했다.

이 태도가 바로 워터게이트에서 닉슨을 곤경에 빠트린 태도였는데, 이렇게 선언하며 그는 손가락으로 나무 벤치를 쾅쾅 두드리기까지 했다. 빈번히 설교까지 해가며 닉슨은 암살과 살인과 폭파가 발생하는 국제 테러리즘은 과감한 특별 조치가 요구되는 심각한 위협이라고 했다. "이 땅에 테러가 발생할까 우려하는 것입니다." 그가 덧붙인 이 말은 2001년 9월 11일 미국에서 일어난 테러 공격보다 거의 21년 앞선 것이었다. 그는 배심원들에게 베트남 전쟁을 상기시켰다. "이 모든 걱정은, 그 일들을 처음부터 끝까지 겪은 당사자인 제가 분명히 말씀드리지만, 매우 부풀려진 것입니다. 1969년, 1970년, 1971년에 우리가 전쟁 중이었다는 사실을 보면 말이죠."

"장담할 수 있는 것은 제 생각으로는, 카터도 레이건도 대통령이 됐을 때 그 일을 할 필요가 없길 바란다는 겁니다. 제가 해야 했던 그 일, 프랭클린 루스벨트도 해야 했던 그 일을."

판사가 끼어들어 변호사에게 다음 질문을 지시했다.

닉슨은 아랑곳없이 말을 이었다. "트루먼 대통령이 해야 했던 그 일, 즉 아들을 전쟁에서 잃은 부모에게 편지 쓰는 일 말입니다."

증인석에서 그가 전달하려는 메시지는 명시적으로 제시되진 않았어도 펠트와 밀러가 대통령 승인을 받았다고 한 주장을 지지한다는 것이었다.

닉슨이 나와서 증언한 것은 복귀 발판을 만들고 국가 보안에 대한 자신의 우려가 타당하다는 것을 보여주려는 것이다. 그의 증언에 대해 읽고 나는 놀랐으나 확실히 펠트에게 연락해 볼 생각은 못 했다. 그가 개인적으로 심각한 위기에 빠져 있던 시기에 나는 그대로 있었다.

일주일 뒤인 1980년 11월 6일, 2개월의 재판에 이어 8시간의 심의 끝에 배심원은 펠트와 밀러에게 유죄판결을 내렸다. 법정을 나와 펠트는 이렇게 말했다. "성인이 된 뒤 평생을 바쳐 정부를 위해 일했고 옳다고 믿는 일과 국익을 위해 최선인 일 그리고 이 나라의 안전을 지켜줄 일을 해왔다. 그러나 배심원들은 그렇게 생각하지 않은 것이다."

3일 뒤 워싱턴포스트에 일요일 사설이 실렸다. 사설에서는 기소가 '필수적'인 것이었다면서 이 사건은 '미래의 경찰이 법적 권한의 정도를 넘어서지 못하게 단념시킬 기념비'라고 했다.

나는 드디어 용기를 내 펠트에게 전화해서 다시 한번 배심원 판결이 얼마나 유감인지 말했다.

그는 워싱턴포스트보다 차라리 리처드 닉슨이 자신에게 더 도움을 줬다고 했다.

"그게 무슨 말씀이세요?" 나는 물었다.

그는 그 사설을 언급했다.

나는 사설과는 아무 상관이 없다고, 워싱턴포스트의 정책상 뉴스룸에서는 아무도 사설에 영향을 미칠 수 없다는 설명을 시도했다.

워싱턴포스트 정책이란 말에 그는 코웃음을 쳤다.

나는 관여하지도 않았고 통지도 못 받았다고 항변했다.

"그 아이러니를 자네가 이해하길 바라네." 그는 말했다. 더는 우리 관계를 이용하지 않겠다고 한 내 약속을 일깨워주는 말이었다. 그의 말이 그런 뜻이었다고 나는 생각한다.

핵심은 이해한다고 나는 말했다.

펠트는 내가 침묵을 지킬 것을 믿겠다고 했다. 그 어느 때보다 중요한 일이라고. 그는 징역 10년을 마주하고 있었고 몇 년의 징역형을 받을 수는 있을 것으로 보였다. 아내 오드리가 아파 자신이 그녀를 돌보고 있다고 말했다.

지금이 적기일 수 있다고 내가 말을 꺼냈던 것 같다.

"오 아니, 안 돼." 그는 날카롭고 단호하게 큰 소리로 말했다.

"하지만⋯." 내가 입을 열었다.

"안돼!"

펠트는 국가 보안 규칙과 절차에 따르는 법 집행부의 편에 서는 것이 자신을 지키는 길이라고 믿는 것 같았다. 새벽 두 시에 주차장에 달려왔다는 것은 그가 통제 불능이고 자기 멋대로 규정한 더 큰 목적을 위해 일을 처리한다는 혐의를 씌우는 꼴이 될 것이었다. 밀고자에 생쥐로 여겨질 것을 두려워하는 것 같았다.

나에게 워터게이트는 '정화'를 뜻했다. 그에게는 정반대가 되어가고 있었다. 그의 행동과 그로 인한 결과를 서로가 다르게 본다는 걸 알게 됐으나 그 일의 불공정함을 반추하면 할수록 오히려 그가 처한 곤경에 내 책임감이 점점 커지기만 했다.

닉슨은 평결에 공개적으로 실망감을 표했고 펠트와 밀러 두 사람에게 자신의 저서, 〈진짜 전쟁〉의 사인본을 보냈다. 전직 대통령은 그 책에 이렇게 썼다. "수년 동안 국가에 봉사할 수 있었던 것에 감사하며, 리처드 닉슨."

12월 12일 검사 측은 팻 그레이에 대한 혐의를 불기소 처리했는데, 그가 침입을 승인했다는 걸 증명할 수 없다는 이유에서였다. 워터게이트 침입 사건 후에 하워드 헌트의 금고에서 가져간 증거를 파기한 혐의로는 기소되지 않았으므로 그레이는 풀려난 거였다.

펠트와 밀러에 대한 선고일은 12월 15일로 정해졌다. 그날 워싱턴포스트는 평상시와 다른 사설을 냈는데, 그 사설은 펠트와 밀러는 판사 앞에서 선고받아야 할 사람이 아닐 수도 있다고 말했다. 선고를 받아야 할 사람들은 '다른 이에 의해 묶인된 그러나 그들이 직접 만들지는 않은 체제의 희생양들'일 수 있다고 했다.

사설은 이런 말로 마무리됐다. '그들을 감옥에 보내 얻는

것은 전혀 없다. 불필요하고 잔인한 일일 것이다.'

나는 속으로 환호했다.

그날 판사는 펠트에게 벌금 5천 달러, 밀러에게 3천 5백 달러를 선고했다. 징역형을 선고받은 사람은 없었다.

"나는 이제 범죄자입니다. 내 인생에 큰 흠이 생겼습니다." 이 말로 법정 밖에서 펠트는 모두에게 그 사실을 일깨워주었다.

워싱턴 D.C. 항소 법원은 펠트의 법 집행 자격을 무한정 정지하기로 했다.

재판 후 곧 레이건이 집권했으며 한 달 반이 지나서 존 킨클리의 암살 시도가 있었고, 신임 대통령은 펠트와 밀러에 완전한 사면을 발표했다. 다섯 문단짜리 진술에서 레이건 대통령은 두 사람의 행동은 '자신의 결정이 조국을 지키려는 선한 믿음에서 나온 것'이라 말했다.

레이건은 이렇게 덧붙였다. "1972년 미국은 전쟁 중이었으며 펠트와 밀러는 적대적 외세와 그 협력자들이 이 땅에서 벌이고 있는 활동에 대해 FBI 국장, 법무장관, 미합중국 대통령에게 지속적으로 알리면서 자신들이 중대하다고 믿은 절차를 따랐습니다."

레이건은 이어서 되려 밝은 이념적인 말로 다음과 같이

덧붙였다.

"4년 전 징병 기피자와 의무 병역 제도 위반자 수천 명이 전임 대통령에 의해 무조건 사면되었습니다."

"베트남 전쟁에서 조국을 위해 싸우기를 거부한 자들에게 미국은 관대했습니다. 조국을 위협하는 테러리즘을 종식하려고 더 높은 원칙에 따라 행동한 두 사람에게 그보다 덜한 관용을 베풀 수는 없습니다."

펠트가 공개 응답에서 한 말에는 모든 게 들어있었다. "기쁜 마음을 주체할 수 없습니다. 그분께 어떻게 감사드려야 할지 모르겠습니다."

닉슨은 펠트와 밀러에게 샴페인을 한 병씩 보냈는데 거기에는 이런 글이 적힌 쪽지도 들어있었다. "정의는 결국 승리한다."

CHAPTER

11

The Secret Man

나는 내 친구가 곤욕을 치르고 있다는 걸 잘 알았다. 그런데도 뒷걸음질쳤다. 그가 겪은 시련의 개인적인 측면까진 몰랐어도 그 피해가 컸음은 분명히 알았다. 이즈음 포스트의 칼럼니스트인 리처드 코헨이 마크 펠트가 딥스로트임을 확신한다고 했다. 칼과 얼마 안 가서 이혼한 노라 에프론도 그 사건을 맡고 있는데 그녀도 펠트라고 확신하고 있다고 코헨은 말했다. 이에 관해 칼럼을 쓸 작정이라고 했다.

당시 나는 포스트의 수도권부 에디터였고 코헨을 감독할 명목상의 책임이 있었다. 포스트에서 가장 똑똑하고 결단력 있고 자기주장이 강한 코헨을 감독할 수 있는 사람이 있는지 몰라도 말이다.

처음에 나는 그 칼럼을 쓰지 말라고 말렸다.

그는 고집을 꺾지 않았다. 가장 위대한 미스터리 중 하나라고 그는 말했다. 과거 메릴랜드 기자이던 그에게 부통령 애그뉴 뇌물 사건에 대한 단서를 내가 공식 수사가 있기도 전에 건네준 일을 그는 회상했다.

딥스로트는 내 취재원이고 나는 그를 보호해야 한다고 말했다.

"웃기는 소리 마세요, 벌써 몇 년이 지났는데요?" 코헨은 말했다. 당시는 약 8년 지난 후였다.

그래서 단호히 부인하지는 않으면서 최대한 그를 펠트로부터 떨어뜨리려고 하며 거짓말을 했다.

그는 말했다. "이거 보세요, 어떤 사람에게 들었는데, 칼, 노라, 아니면 누구였더라, 딥스로트 메모 맨 위에는 'M.F.'라는 이니셜이 있었답니다. 마크 펠트인 게 분명해요, 그렇죠?"

그건 마크 펠트가 아니라고 말했다. 무슨 수를 써도 안 될 때는 거짓말하는 전략을 채택하면서 코헨에게 당신이 잘못 안 거라고 우겼다. 또박또박 한 글자씩 말해줬던 것으로 기억한다. 친구 사이니까 진실만 말하는 거라며 말도 안 되는 걸 쓰지 않게 도와주는 거라고 했다.

코헨은 그 칼럼을 쓰지 않았다.

마음이 안 좋긴 했으나 결정은 쉬웠다. 다른 기자가 쓰는 취재원이 누군지 밝히려 드는 칼럼을 나는 반대했다. 그건 싸구려 행동이고 모두가 그런다면 그 어떤 기자에게도 취재원이 생기지 않을 터였다. 우리의 일, 기자의 일은 집합적으로 취재원을 보호하는 일이었다. 심지어 다른 기자들로부터도.

고통의 균형을 잡을 수 있다는 생각도 들었다. 이니셜 M.F의 권위로 그 칼럼이 펠트에게 미칠 고통 대비 코헨에게 거짓말을 해서 내가 느끼는 고통의 균형. 코헨이 정말 칼럼을 써서 그 일을 낱낱이 파헤치며 펠트를 지목했다면, 지옥문이 전부 열릴 것이다. 레이건은 사면을 철회했을까? 레이건 대통령의 새 법무부는 펠트가 FBI 정보를 발설한 것에 대해 범죄 수사에 착수할까? 그런 일은 전에도 있었다. 내가 대배심 앞에 불려 나가 그의 신원을 확인하라고 강요받진 않을까? 거절한다면 내가 감옥에 갈 수도 있을까? 그 답은 아마도 예스일 거라는 걸 알았다. 펠트나 내가 감옥에 가는 생각이 들기 시작했고 그것은 조금도 달갑지 않은 생각이었다.

이건 내게 가장 쉬운 거짓말이었다.

미안하네, 리처드.

딥스로트의 신원이 밝혀지는 날이 오긴 오냐고 지난 수년간 많은 사람이 물어왔다. 언제 그랬는지는 기억나지 않지만, 나는 그가 마음을 바꿔 신원 공개에 동의하지 않는 한은 그가 사망한 뒤에야 밝혀질 거라고 했는데, 그가 마음을 바꿀 일은 일어날 리 없는 일이었다.

역사 기록을 위해 그의 신원이 밝혀져야 한다고 생각했다. 역사는 취재원이 FBI 2인자였다는 사실을 알아야 한다. 이 결정에 대해 칼 번스타인과 밴 브래들리 모두 동의하는 것 같았다. 따라서 이 문제는 워싱턴포스트가 다룰 만한 정책적 문제였다. 그래서 딥스로트의 신원은 그가 사망한 뒤에야 밝혀진다고 수십 년 동안 말했다. 청중을 앞에 두고서 으레 농담 반 진담 반으로 여러분이 딥스로트의 신원을 모른다면 그의 신원은 분명하지 않은 것이지만 여러분이 안다면 그리고 나만큼 안다면 그의 신원이 분명해진다고 했다.

이 결정에 의문을 제기한 건 두 명뿐이었다. 한 명은 카터와 클린턴 두 대통령의 백악관 고문이었던 워싱턴 변호사 고 로이드 커틀러다. 2005년 87세의 나이로 작고한 커틀러는 내가 공동 집필하여 1979년에 출간된 〈지혜의 아홉 기둥〉에서 대법관 포터 스튜어트가 취재원이었음을 확인한 것을 비난했다. 그는 비밀 취재원은 영원히 비밀로 남아야 한다고 생각한다며 그래야 마땅하다고 주장했다.

반대 의견을 낸 또 다른 사람은 닉슨의 변호사 가먼트였다. 2003년 칼과 내가 쓴 워터게이트 보고서를—아직 생존해 있는 취재원들의 신원을 비밀로 유지한다는 보장을 받고—텍사스 대학교에 팔았는데, 이때 가먼트는 월스트리트 저널에 '딥 비트리얼(깊은 배반)'이라는 표제가 달린 논평을 썼다. 그는 칼과 내가 쓴 두 번째 워터게이트 책 〈더 파이널 데이즈〉에서 스튜어트가 취재원이었다는 것은 '비밀 축에도 못 든다.'고 썼다. 가먼트는 "자신은 그걸 믿지 않으며 심지어 당시에도 믿지 않았다."면서 속내를 털어놓았다. 스튜어트가 사후 배포를 허락한 적 없다는 것을 지적하면서도 역사는 스튜어트에게 관심이 있단 걸 깨달았다고 했다. 취재원 사망 이후 온당한 기간으로 이를테면 20년 정도는 기다려야 한다고 했다. 그 후로도 내게는 비밀 취재원이 있었고 조지 W. 부시 행정부에만도 십수 명의 취재원이 있었으나 비밀 유지 의무가 사망 이후까지 확대된 적은 없었다.

딥스로트의 신원을 알아내는 일에서 사람들이 느끼는 매력을 나는 이해할 수 있었다. 그것은 사라지지 않을 미스터리였다. 신원이 확인된다는 건 용의자였거나 목록에 있던 십여 명에 이르는 사람은 취재원이 아니었다는 뜻이기도 했다. 워싱턴은 비밀을 먹고 번영하는 도시지만 동시에 비밀을 혐오하는 곳이기도 한데 남의 비밀인 경우 특히 더했다.

어느 날 밤 우연히 케네디 대통령의 공보 담당 비서였던 피에르 샐린저와 마주쳤다. 우리는 비밀 취재원에 관해 이야기하기 시작했다. 케네디 시절 가장 중요했고 세상을 놀라게 한 보도 세 건에 대한 취재원은 결코 찾지 못했다고 그는 말했다. 누설된 정보 두 건에 대한 가장 유력한 용의자는 케네디 대통령이었지만 확인할 길은 없을 거라고 했다. 샐린저는 그걸 알 수만 있다면 왼쪽 불알이라도 내놓겠다며 터프한 케네디식 말투로 말했다.

〈모두가 대통령의 사람들〉이 출간된 지 8년 후인 1982년 존 딘은 회고록 〈잃어버린 영광〉에서 알렉산더 헤이그를 딥스로트로 생각한다고 했는데, 헤이그는 키신저의 국가안보담당 부보좌관이었다. 나중에 딘은 자신이 틀렸음을 인정했다. 어떤 사람들은 주기적으로 시도했다. 포스트 동료였고 1971년에 내가 워싱턴포스트에서 일자리를 구하도록 도와준 사람이기도 한 제임스 만은 1992년 5월 애틀랜틱지에 〈딥스로트: 제도적 분석〉이라는 타이틀로 기사를 썼다. 그는 딥스로트가 FBI 관료 같은 인물이어야 한다고 정확하게 결론지었는데, 백악관이 FBI의 워터게이트 수사를 제한하거나 정치적 논쟁거리로 만드는 일을 막기 위해 FBI가 노력하고 있었기 때문이라고 했다. 만은 1972년 여름과 초가을에 그에게 들리는 데서 내가 'FBI에 있는 내 취재원'이나 'FBI에 있는 내 친구'라는 말을 했다고 주장했다. 내가 이런 말을 했을 리는 만무하다. 나는 내가 그보다 신중했다고 믿는다. 그 기사가 나온 뒤에 당시 로스앤젤레스 타임스에 근무 중이던 만에게 전화해 항의했다. 나는 뉴스룸 내부에서 벌어진 취재원에 대한 논의는 보호되어야 하고 어떤 경우에도 내 취재원에 대해 추정한 내용을 공개하는 일은 하지 말아야 한다고 주장했다.

덧붙여 나는 어떤 식으로도 FBI 취재원에 대한 말을 한 적이 없다는 걸 확신한다고 했다. 칼과 논의할 때조차 에둘러 '내 친구'라고 했을 뿐이었다. 하지만 결국엔 그의 말에도 일리는 있었다. 그는 그 일이 있고 20년이나 지났는데도 내가 걱정하는 모습에 놀라는 것 같았다. 그는 물었다. "그래서 지금 보호해야 할 게 있기나 하냐고?" 딥스로트와의 관계가 예전 같지는 않다고 할 수는 도저히 없었다. 후회가 뒤섞인 것 같은 마음을 어찌 설명하겠는가? 만과는 20년 넘는 친구였고 한 해 걸러 한 번씩은 점심을 같이 먹는 사이였다. 그 통화는 냉랭하게 끝났고 그 뒤로는 그와 점심을 먹은 기억이 없다.

이러한 시도 중 상상력이 가장 많이 발휘된 것은 캘리포니아 털록의 프레드 와이스버거가 쓴 석사학위 논문이었다. 그는 109쪽짜리 보고서를 내게 보냈는데, 목록들과 지도와 내가 살던 아파트 건물 사진이 가득했다. 와이스버거는 체계적으로 120명을 딥스로트 용의자로 생각했는데, 거기엔 닉슨의 조카(!), 닉슨의 형제(!!), 닉슨의 개인 비서였던 로즈 메어리 우즈(!!!)도 있었다. 목록에는 대니얼 데이빗슨과 바이런 바키라는 모르는 이름도 있었는데 국가 안전보장 회의 직원인 듯했다.

당시 와이스버거는 각 용의자를 다섯 범주에 의거해 평가했다.

 1. *우드워드와 공유하는 과거*
 2. *정보에 대한 접근성*
 3. *우드워드와 만날 수 있었는지*
 4. *개인적/직업적 동기*
 5. *딥스로트와의 유사성*

와이스버거는 딥스로트는 아마 국가 안전보장 회의 직원인 로렌스 린이나 윈스턴 로드일 거라고 결론지었다. 와이스버거는 추측과 정황에 근거한 것이라면서 책임을 강력히 부인했다. 린과 로드에게는 자신이 틀렸다면 미안하다고 했다.

와이스버거의 용의자 목록에서 펠트는 상위 120위까지 올랐으나 와이스버거는 부정확하게도 펠트가 다섯 범주 중 오직 한 가지, 바로 우드워드와 만날 수 있었는지에만 해당한다고 했다. 그럼에도 불구하고 내 책에 대한 사려 깊은 분석도 넣으며 열심히 한 흔적이 보였다.

1990년대 말 닉슨 백악관 고문이었고 언젠가 내 취재원이 (스스로 자진하여) 되어준 워싱턴 변호사 레너드 가먼트가 전화했다. 이 일은 2003년에 그가 월스트리트저널에 취재원 사망 이후 취재원을 공개하는 데 반대한다는 기사를 쓰기 훨씬 전이었다. 그는 〈딥스로트를 찾아서〉라는 책을 쓰고 있다고 서신을 보내기도 했다. 가먼트는 딥스로트에 대한 미스터리를 풀겠다고 결심했다고 했다. 그는 만남을 요청했다. 나는 그를 피했고 결국 내 취재원에 대해 말할 생각이 없다고 전했다. 그도 잘 알고 이해하는 원칙이었다. 그는 더 강요하지 않았다.

1997년에는 워터게이트의 유산에 관한 책을 집필하기 시작했다. 펠트의 전 FBI 동료 여럿을 인터뷰했으나 펠트에게는 연락을 시도하지 않았다. 그가 워터게이트에 대해 말하고 싶지 않다는 것을 분명히 했기 때문이었다. 그럼에도 계속 추적하려고 노력했음은 물론이다. 그가 딸 조안과 캘리포니아 산타로사에 산다는 것은 알아냈다.

나는 신문기자로서 보도와 집필을 계속했고, 워터게이트나 워터게이트 시대나 워터게이트의 성격을 다시 찾는 일은 절대 없었다. 이따금 존 에일리크먼과는 점심을 먹었다. 닉슨이 사임한 뒤 에일리크먼은 감옥에서 18개월을 복역했고 그로부터 몇 년 뒤 파리에서 만났는데, 프랑스 텔레비전 방송에 같이 나갈 예정이었다. 우리는 대화를 나누고 파리 마치 지와 합동 인터뷰도 했다. 에일리크먼은 인상파 화가 폴 세잔의 전시회에 갈 생각인데 같이 가자면서 초대했다. 에일리크먼은 워터게이트는 그대로 과거로 묻어둔 채 살고 싶다고 했다.

전시회에서 그는 자신이 다시 일어났던 과정을 설명하더니 그 상태를 지키고 싶다고 말했다. 그는 수염을 길렀고 소설을 쓰고 있었으며 스케치를 하고 있었고 산타페에 살고 있었다. 그를 동경할 수는 결코 없겠지만 그가 나쁜 상황에도 최선을 다해 살고 있다는 생각이 들었다.

나는 딘과 계속해서 연락했고 1996년에는 우리집에 와서 함께 저녁을 먹기도 했다. 딘에게 워터게이트는 늘 그의 배경에 맴돌았다. 당장은 워터게이트를 떠나보내지 않을 듯해 보였다.

펠트가 사면된 때로부터 내 책 〈그림자: 다섯 대통령과 워터게이트의 유산〉이 출간된 1999년에 이르는 18년 동안 몇 번 펠트에게 연락을 시도했다. 하지만 굳은 결심으로 한 것은 아니었고 성공한 적도 없었다. 호기심은 있어도 마음이 가지 않았다. 나는 이제 서른 살짜리 애송이 기자가 아니었다. 그래도 자연스레 그의 동기에는 관심이 더 갔다.

결국, 펠트를 만나야만 한다는 것은 알고 있었다. 답이 없는 의문이 너무 많았다. 역사의 기록에 답해야 할 의문들이 있었다.

1999년 여름 하트포드 쿠란트에서 19세의 체이스 쿨먼-베크먼 기자가 칼의 아들 제이콥에게 마크 펠트가 딥스로트라는 말을 들었다면서 기사를 냈다. 쿨먼-베크먼과 제이콥 번스타인은 십 년 전 어느 어린이 주간 캠프에 함께 간 적이 있었다.

기자 데이빗 달리는 캘리포니아에 있는 그에게 연락했고 펠트는 이렇게 말했다고 했다. "아니요, 제가 아닙니다. 저라면 더 잘했을 겁니다. 더 효율적으로 했을 거예요. 엄밀히 말해 딥스로트가 백악관을 무너뜨린 것도 아니잖습니까, 안 그래요?"

이 문장을 여러 번 읽었다. 말 그대로 펠트였고 틀림없는 딥스로트였다. 물론 그건 자신을 깎아내리는 말이었다. '딥스로트가 백악관을 무너뜨렸나?' 그 질문에 수많은 방식으로 답할 수 있을 것이다. 지난 수년간 내가 그랬듯이.

CHAPTER

12

The Secret Man

데이빗 달리가 펠트에게 연락할 수 있었다면 나도 할 수 있었다. 그의 전화번호가 적힌 카드를 책상 가까이 놓고서 몇 달 동안 미뤘다. 드디어 2000년 1월 4일 산타 로사의 번호로 그에게 연락했다. 어떤 반응이 나올지 알 수 없어서 텔레마케터가 된 기분이었다. 내가 누구인지 밝히고 통화를 녹음하겠다고 했다. 어쩌면 불친절한 처사일 수도 있으나 그의 말을 기록하고 싶었다. 그는 내 이름을 알아듣는 듯했으나 그게 반드시 나라는 보장은 없었다.

"뭐 하고 계세요?" 나는 물었다.

펠트는 강렬하지만 느린 목소리로 말했다. "글쎄요, 그냥 시간을 보내는 중이요. 나처럼 나이를 많이 먹으면 문제가 좀 생기거든."

나는 연세를 여쭈었다.

"여든? 어디 보자, 여든여섯인가 여든일곱인데. 확실히 모르겠네, 확인해 봐야 해. 나는 1913년생이요."

우리 아버지도 그 해 태어나셨다고 하고 계속 활동을 유지하는 것이 잘 지내는 비결이라고 했다.

펠트는 대답했다. "그것도 비결이지, 그리고 또 비결이 있는데 나이 들면 나이와 관련된 문제가 많이 따라온다는 걸 깨달아야 하오. 그냥 참고 살아야지."

"쉰여섯인 저도 그런 생각을 합니다."

"내 말 믿어요, 앞으로 20년은 문제 근처에도 못 갈 테니." 그는 말했다.

"즐거운 마음으로 기다려야 한다는 건 잘 압니다." 나는 말했다.

"그게 꼭 즐거운 마음으로 기다릴 일은 아니지. 아니야, 그런 걸 기대하진 마시오. 참고 견뎌야 한다는 것만 알면 되는 게요."

지금까지는 그래도 괜찮았다. 한담이라니, 음, 뭔가 기이하긴 하지만 그가 전화를 끊거나 고함치거나 불쾌한 목소리를 내지는 않았다. 나는 긴장됐다. 아버지를 겪어봐서 그의 정확한 정신 상태는 알 길이 없으며 기억에 문제가 있을 거라는 걸 알았다. 간절히 듣고 싶던 답을 끌어낼 수 있길 바라면서 질문 몇 줄을 미리 적어 왔다.

"제가 여쭙고 싶은 건, 1972년 6월 침입 이전 말씀입니다." 이렇게 말을 꺼내며 준비한 질문을 했다. "닉슨이 수포로 돌리려던 것은 무엇이었습니까?"

"문제는 그 질문에 내가 답할 수 없을 것 같다는 거요. 많은 자료를 읽어 봐야 하고 많은 걸 고치고 되돌아보고 기억을 새롭게 해야 한다오…. 그런 일은 하나도 떠오르질 않아요." 펠트는 대답했다.

나는 마음이 와르르 무너져 내렸다. 1973년에 FBI 워싱턴 현장 사무소 소장을 지낸 잭 맥더모트를 기억하냐고 물었다. 존 에일리크먼이 백악관을 나간 뒤 그의 파일과 사무실을 지키도록 FBI 요원들이 파견되었다고 맥더모트가 말한 바 있었다.

"그 일 기억나세요?" 나는 물었다.

"아니, 기억나지 않아요." 그는 말했다.

"그리고 맥더모트는 닉슨이 와서 요원 하나를 밀쳤다고 했습니다."

"아니, 전혀 기억나지 않아요. 그런 일이 없었다는 말이 아니요. 단지 기억을 못 한다는 거지." 펠트는 말했다.

한때 변호사 일에 정통했던 사람에게 나올 만한 완벽한 답변이라고 생각했다.

닉슨이 선생님과 밀러 재판에서 증언했을 때 기억하세요? 나는 물었다.

"아니, 그 일도 기억나지 않네요." 펠트는 답했다.

나는 놀랐다. "그리고 결국 레이건이 선생님을 사면했을 때. 그건 기억나세요?" 기억 은행 깊숙이 파고들어야 할 질문이었다.

"생각나지 않아요. 아니, 그분이 나를 사면했다는 게 구체적으로 기억나지 않아. 내가 사면받을 일이 있었는지도 기억이 안 나. 나는 유죄판결을 받은 적이 없어요." 펠트는 답했다.

"음, 선생님은 유죄판결을 받으셨고 몇 년 뒤 상소 법원에서 판결을 뒤집었죠." 사실이었다. 사면이 있고도 높은 고등 법원에서 기소 각하를 명령했다. 법적 목적으로 기록을 삭제하고자 한 것이었다.

"아마 내가 그 생각 중이었나 보네. 글쎄요. 아니, 그 일에 전혀 관여하고 싶지 않아요. 알다시피 그런 일로 코멘트하는 건…. 우선 아주 오래전 일이고, 둘째로 필요도 없는데 그런 일에 관여하고 싶지는 않아요." 펠트는 답했다.

내가 아는 펠트다운 말이었다. "음, 선생님께선 늘 상관없는 일에는 관여하지 않으셨죠."

"맞아요." 그는 말했다.

"왜 그러신 거죠?" 내가 절박하게 대답을 구하던 질문이었다.

"음, 우리가 하는 이런 대화를 해야 한다는 이유 때문이지요. 언론을 상대하는 건 끔찍한 문제였다오."

"백악관도요." 나는 덧붙였다.

"글쎄, 백악관을 상대하느라 어떤 문제가 있었던 기억은 정말 없어요." 그는 말했다.

나는 또다시 놀랐다.

이어서 펠트는 말했다. "내 말은 문제가 있었던 특정 상황이 기억 안 난다고. 그래도 모든 일에 대한 기록 같은 게 어디 분명 있을 거요. 하지만 그 일에 관해 나는 말할 수가 없어요."

"그러시겠죠. 요즘은 뭐 하고 지내세요?"

"오늘 오후에는 그냥 시간을 보내면서 저녁밥 먹을 시간을 기다리고 있지요."

나는 안도했다, 끔찍하게 안도했다, 적어도 표면적으로 그는 친절했다.

"그런데 그게 쉽지 않아요," 그는 말을 이었다.

"정확히 어디 살고 계세요? 따님과 함께 사세요?" 나는 물었다.

"예, 딸애는 일하고 있어요, 선생이고 늘 아주 바빠요. 나는 걸리적거리지 않으려 할 뿐이지요, 딸애에게 방해 안 되게. 딸애는 착한 아들 셋을 뒀어요. 손주들에게 최대한 잘 해주려고 해요. 그런 관점에서 볼 때는 모든 게 잘돼가고 있지." 그는 말했다.

예전에 FBI의 워터게이트 파일을 검토했는데 하워드 헌트가 ITT 로비스트 디타 비어드를 방문한 일에 대해 칼과 내가 쓴 포스트 기사를 두고 펠트가 남긴 메모를 봤다고 말했다.

"하워드 헌트라는 이름은 기억나는데, 다른 이름은 기억 안 나네, 비어드라고 했나요?" 펠트는 말했다.

"ITT 메모를 쓴 여자요."

"하나도 생각이 안 나요. 그래요, 나만큼 늙으면 문제가 기억이 잘 안 난다는 거예요. 20년 전에는 예리하고 또렷했을 일도 지금은 흐릿하고 모호해요. 댁이 잘 알아낼 거요."

그러고 나서 그는 물었다. "나이가 어떻게 되시오?"

"말씀드린 것처럼 쉰여섯입니다."

"그렇군요. 삶의 임계점에 막 도달하고 있네." 그는 말했다.

나는 웃었다. "좀 더 기억하시고 좀 더 말씀해 달라고 설득할 수 있으면 좋겠습니다."

"글쎄올시다." 이렇게 그가 말한 뒤 오래, 오래도록 침묵이 이어졌다. "아니, 못 하겠네." 그는 이렇게 말했다. 그러더니 전화 연결이 끊어진 것처럼 말했다. "여보세요?"

내 기억에 그건 오래된 수법이었다. 원치 않는 통화 중일 때 연결 상태가 안 좋은 척을 하는 것이다. 하지만 뭔가 장애가 있었을 수도 있다. "예? 선생님?" 나는 말했다. 상대편도 한번 긴 침묵이 이어졌으나 전화 연결은 분명 제대로 돼 있었다. 그러고 나서 펠트는 뭔가 이상한 말을 했다. "그냥 내가 끊겠소. 그리고 이쪽 옷장 문은 닫혀버릴 수 있소." 그는 단호하게 결론짓는 말투로 말했다.

내가 아는 마크 펠트였다. 그가 먼저 대화를 끝내는 것이다. 그걸로 끝인 것이다. 상대를 싹 무시하는 그 태도를 나는 잘 알았다.

"알겠습니다. 통화하게 되어 반가웠습니다." 내가 말했다.

"음, 나도 반가웠어요." 그의 목소리에 진심이 묻어났다.

"건강히 지내시길 빕니다."

"그래요." 그는 말했다.

"안녕히 계세요."

"안녕히 계시오." 그는 이렇게 답하고 전화를 끊었다. 한번 더 옷장 문을 닫으며.

내 마음은 질주하고 있었다. 한편으로는 행복했다. 세상이나 FBI, 닉슨과 나에 대한 분노와 억울함은 사라진 듯했다. 하지만 그의 기억도 사라졌다. 물론 예전 자아와 성격의 흔적은 남아 있었다. 딥스로트라는 것을 암시하는 흔적이. 나는 어찌하면 좋을까?

다음달 말인 2월 27일 일요일 밤, 캘리포니아 데이비스 대학교에서 연설이 잡혔다. 데이비스에서 산타로사까지 두 시간 걸리는 여정에 검은색 링컨 타운 자동차와 운전사를 고용했다. 산타로사는 내퍼의 북쪽이고 소노마 와인의 본고장인 아름다운 고장이었다. 펠트는 레드포드 플레이스라는 거리에 살았다. 내가 이해하는 또 다른 아이러니다.

운전사에게 산타로사의 거리 지도가 있었다. 내가 볼 지도를 4×6 카드에 그려 가서 나는 노스웨스트 지역 공원에 내려달라고 했다. 내가 어디 가는지 운전사가 알게 되는 건 원치 않았다. 다시 나는 펠트의 옛 대적 첩보 활동 규칙에 따라 이동하고 있었다. 열 블록 정도 갔더니 집이 나왔는데, 같은 층에 있는 방 높이가 서로 다르게 지어진 주택의 기본형에 자동차 두 대가 들어갈 큰 차고가 특징인 캘리포니아 교외의 근사한 주택이었다. 나는 초인종을 눌렀고 오래 기다린 뒤 한 여자가 대답했다. 펠트의 딸 조안이었다. 내 소개를 하고 캘리포니아 데이비스 대학교에 왔는데 시간이 나서 아버지를 뵈러 왔다고 했다.

조안 펠트는 나와 동갑이고 마른 체형에 웃는 얼굴에 머리는 짧다. 지방 대학 두 군데에서 스페인어를 가르친다. 나를 환대해주면서 조안은 부엌에서 아래쪽 차고로 소리쳤다. 차고는 아버지의 주거 공간으로 개조돼 있었다.

"아빠, 누가 오셨어요. 워싱턴포스트의 밥 우드워드요."

펠트가 계단을 올라왔다. 그는 놀랄 만큼 체형을 잘 유지하고 있었고 걸음이 약간 뻣뻣할 뿐 자세는 언제나처럼 꼿꼿했다. 그는 빙그레 웃었다. 입 왼쪽이 더 올라가 아이러니하게 일그러지는 그 미소를 기억했다. 그는 내 손을 잡고 나는 그의 손을 잡았다. 나는 내 안경을 통해 그리고 그의 안경을 통과해 그의 눈을 들여다보았다. 그도 날 알아보는 듯했으나 확실하지는 않았다. 거의 20년 만이었다. 그는 편안한 차림새였고 머리칼은 여전히 회백색 헬멧을 쓴 듯한 모습이었다. 조안이 수업을 위해 집을 나서기 전에 두 사람은 장을 보러 갈 작정이었고, 펠트는 점심 식사를 생각하고 있었다.

"집에 오면서 음식을 포장해 올 수 있나?" 펠트는 딸에게 물었다.

내가 끼어들며 말했다. "저, 제가 모실 테니 저와 점심을 드시지요."

"그러실래요?" 조안은 약간 놀라 말했다.

길 아래쪽에 차를 대 놓았으니 그가 가장 좋아하는 식당에 가면 어떻겠냐고 했다.

"좋아." 펠트는 말했다.

나는 신이 났다. 수십 년 만에 처음 우리만 있게 된 것이었다.

조안의 밴을 타러 우리는 집 밖으로 나갔고 펠트는 자신이 움직임이 좀 느리다고 설명했다. "정말 기쁘구만." 나를 바라보며 그는 말했다.

우리는 밴에 탔다. 조안은 운전석, 마크는 조수석, 나는 뒷좌석이었다.

"내 기억력이 나아지지 않아 유감이네. 밥 우드워드가 워싱턴포스트에서 한 일에 아주 좋은 인상을 받았을 게 분명한데 말이야." 마크가 자진해서 말했다.

나는 너무나 놀랐다. 앞 좌석에 뛰어들어 그를 껴안고 싶었다. 어쩌면 드디어 둘이 모든 걸 터놓고 이야기할 수 있을지도 몰랐다. 하지만 그의 딸 앞에서는 싫었다. 포스트에서 내가 한 일과 그가 기여했던 부분에 관해 "기억나세요?" 하고 나는 물었다.

"나는 기억을 상기시켜줘야 하네. 지금 여기 온 이유는 뭐지?" 그는 말했다.

"그냥 선생님과 이야기도 나누고 어떻게 지내시나 보고 싶었어요. 지난달에 제가 전화드렸지요."

"기억 안 나네." 그는 말했다.

"지금도 딥스로트 추적하세요?" 조안이 물었다.

나는 긴장하며 웃었다. 펠트는 표정이 보이지 않았다. "추적할 필요가 없어요." 나는 말했다.

"밥은 기자로서 언제나 뛰어난 능력을 발휘했지." 마크가 말했다.

뒷좌석에서 나는 거의 춤을 출 지경이었다. 이제야 말이 좀 통하는구나!

조안은 어머니인 오드리가 약 15년 전에 돌아가셨고 가족들은 캘리포니아에 10년 동안 살았다고 했다. 조안은 아버지와 내가 어떻게 만났는지 물었다.

조안이 알까? 나는 궁금했다.

"분명 우리가 서로 알게 된 게, 그 뭐라던 시절이었지?" 마크 펠트가 말했다.

"닉슨 워터게이트 시절이죠." 내가 대답했다.

근처 쇼핑몰 식료품점에 도착하자 우리는 밴에서 내렸다. 나는 마크에게 우리 아버지와 동갑이라고 일깨워주었다.

"선생님과 동년배세요, 향년 여든여섯이시죠." 내가 말했다.

"네에." 조안이 말했다.

"내가 여든여섯이야?"

"네." 그녀는 말했다.

"80대일 줄 알았다니까."

나는 크게 웃었다.

식료품점에 들어간 우리는 카트를 밀며 통로를 돌아다녔다. 한 손님이 텔레비전에서 봤다며 나를 알아보더니 무슨 비밀 누설 책 쓴 적 없냐고 했다. 나는 끄덕였다. 마크는 의식 못 하는 듯 보였다. 늘 책을 좋아했던 마크에게 무슨 책을 읽냐고 물었다.

"조안, 내가 관심 있어 한 그 두 작가 이름이 뭐였니?" 마크가 말했다.

"다니엘 스틸이요." 조안이 말했다.

그가 통속적인 것을 읽다니 나는 놀랐다.

"스틸 잘 알아요?" 그는 내게 물었다.

나는 끄덕였다.

"물론 그렇겠지, 그 책들 아주 재밌게 읽었어."

"톰 클랜시는 읽으세요?" 나는 물었다.

"읽은 것 같지 않아." 마크 펠트는 말했다.

"아빠, 그 작가 읽으셨잖아요."

"그래, 내가 기억 안 나는 게 많아." 이러더니 그는 내 쪽으로 고개를 돌려 물었다. "워싱턴에서 자네 상황은 변한 게 별로 없나?"

나는 그렇다고 끄덕였다.

"책을 몇 권 썼지?"

나는 아홉이라고 했다.

"그래, 좋은 시작이군." 그는 말했다.

우리는 계산대를 통과했다.

"들러주어서 정말 기쁘네." 그는 내게 말했다.

"아버님 모시고 점심 식사하러 가도 될까요?" 나는 조안에게 물었다.

"아버지 무지방 식단을 지켜주신다면요." 그녀는 주의를 주었다.

조안은 좋은 식당으로 가는 길을 알려주었다.

"거기 건강한 음식이 있어요. 와인은 한 잔만, 그 이상은 안 돼요."

나는 약속하고 선서하고 맹세했다.

"이게 아빠가 점심에 즐겨 드시는 거예요."

스페셜 글레이즈드인가 그레이즈드인가 하는 두부 요리

를 언급하며 그녀는 말했다.

그런 걸 좋아하신다니 믿기지 않았다. 나는 두부라면 질색이다. 하지만 두부로 정했다.

"완전 생식을 두 달 하시고는 콜레스테롤 수치가 떨어지셨어요." 조안은 자랑스레 말했다.

차를 타고 되돌아가며 마크에게 에드 밀러를 기억하냐고 물었다.

"에드 밀러라면 아주 잘 기억하지."

"뉴욕타임스에 아빠가 딥스로트일 가능성을 다룬 기사가 나와서 한동안 동네 유명인사셨어요." 펠트의 주치의가 기뻐했다고 조안은 설명했다. 뉴욕타임스는 지난 수년간 딥스로트 목록을 게재하는 기사를 여러 차례 보도했다.

"내 유일한 문제는 기억 상실이지. 오늘 방문해준 것을 기억하겠네, 밥." 마크는 말했다.

"긴장도 많이 풀려 보이세요." 잊지 못할 우리 미팅의 긴박감을 떠올리며 나는 말했다.

"그래요. 나도 그런 것 같네."

"FBI에서 일하실 때 아빠가 어떤 모습이셨는지 기억 안 나요." 조안이 말했다.

"내가 어땠었지?" 마크가 물었다.

"아빠 어떠셨어요?" 조안이 되풀이해 물었다.

그가 어땠냐고 아버지와 딸이 내게 묻고 있었다. 그때까지도 나는 피해망상적 생각을 하고 있었다. 그를 만나 이야기를 나누다 보니 그 신비롭고 알 수 없는 모든 감각이 되살아났다.

"아버지가 스트레스를 받으셨어요?" 조안이 물었다.

나는 그렇다고 했다. 당시 너무나 뻣뻣하게 긴장한 상태여서 그의 스프링은 곧 터져버릴 것만 같았다.

"당신은 기억 안 나요, 조안? 당시에 뭘 하셨길래?" 나는 물었다.

"독립해서 제 인생을 살았죠." 그녀는 답했다.

"지금 몇 살이라고?" 마크가 또 물었다.

"쉰여섯입니다." 나는 답했다.

그들의 집에 다시 도착했고 마크는 점심 식사를 위한 옷과 코트를 갈아입으러 지하 차고로 되돌아갔다. 나는 조안과 함께 부엌으로 들어갔다.

"의사 말이 아빠가 치매래요." 인지력과 기억력을 상실한다고 그녀는 설명했다. 하지만 알츠하이머는 아니었다. 심장이 안 좋아 피가 흐르게 해주는 작은 관을 끼워넣었다고 했다. 생식 요법으로 콜레스테롤 수치가 250에서 125로 낮

아졌다고, 놀랄 만큼 떨어진 거라고도 했다. 그녀는 아버지를 사랑했고 극진히 잘 돌보고 있었다. 점심에는 와인 딱 한 잔이나 마티니 한 잔만이라고 나를 향해 손가락을 흔들다시피 하며 명령했다.

나는 운전사와 차를 부르러 밖으로 나갔다. 열 블록을 걸어 운전사가 기다리는 공원으로 가는 동안 껄껄 웃으며 휘파람을 불고 있었다. 나는 날아갈 것 같은 기분이었다. 어떤 먹구름이 걷히기 시작하는 것만 같았다.

돌아오자 마크는 옷을 다 갈아입은 뒤였고 외출하게 돼 기분이 좋은 것 같았다. 운전사에겐 그를 마크라고만 소개했고 차는 스토니 패밀리 레스토랑 앞에 섰다. 우리는 작은 부스 안에 앉았다. 그는 생선과 와인 한 잔을 선택했다. 나는 테이프 녹음기를 켜지 않기로 했다.

점심 식사는 힘겨웠다. 마크는 우리가 대화를 수도 없이 나눴을 거라는 건 알았다. 그러나 화분이나 우리집 앞의 뉴욕타임스나 지하 주차장에 대해서는 아무것도 떠올리지 못했다. 자신이 딥스로트라 불리던 취재원이었던 건 생각났을까?

그는 모르겠다고 했다.

그가 〈모두가 대통령의 사람들〉을 읽었을까? 영화는 봤을까? 자신의 역할과 자신이 한 일, 우리를 도와주고 직업상의 최고 위기를 감수하고 모든 걸 위험에 빠트렸던 일을 알까?

그는 기억나지 않는다고 하면서, 그렇다고 그런 일이 일어나지 않았다는 건 아니라고 신중하게 덧붙였다.

와인 탓이었거나 그가 기억하지 못했을 수도 있고 어쩌면 기억하고 싶지 않았을지도 모른다. 아니라고 부인하는 것이 생활방식에 너무나 깊이 박혀 있어 그걸 해제할 수 없었거나 해제하고 싶지 않았을 수도 있다.

나는 식대를 치렀다. 팁을 포함해 47.25달러였다.

운전사는 우리를 펠트의 집에 다시 데려다주었고 나는 운전사에게 기다려 달라고 했다. 집 안에 들어갈 건데 언제 나올지는 모르겠다고 했다.

마크와 나는 차고를 개조한 그의 방에 갔다. 가구는 낙낙하게 놓여 있었다. 텔레비전과 책들과 좁은 침대가 있었다. 의자 두 개가 방을 가득 메우고 있었다. 나는 그가 기억하는 내용을 녹음하고 싶다고 설명했다. 이것은 기록을 위한 그리고 역사를 위한 인터뷰였다.

CHAPTER

13

The Secret Man

"옛날 그 시절…." 나는 인터뷰를 시작했다.

"하지만, 기억을 못 해." 그는 말했다.

"기억 못 하신다는 거 이해합니다. 닉슨 시대는 좀 기억나시죠?"

"어렴풋이 나지만 그래도 그 시대에 관해 구체적인 기억은 없어."

"닉슨을 만나셨을 때를 기억하세요?"

"기억 못 해. 닉슨을 만나긴 했는데 그게 언제였는지 기억이 안 나."

나는 물었다. "닉슨에 대한…, 뭐랄까, 선생님의 태도는요? 선생님은 늘 의심하셨고 뭔가 냄새가 날 때면 바로 아셨지요."

마크는 심오하고 지혜로운 사람답게 다 안다는 듯 두 번인가 웃었다. "글쎄, 많은 사람에게 그런 인상을 주었을지 모르지."

"이를테면…." 나는 말을 꺼냈다. 나에게도 그랬다고 할 작정이었다.

"일부는 내 임무였고, 알다시피 FBI에서 일했으니까." 그가 끼어들었다.

"처음 의심하게 되신 계기가 무엇이었나 기억하세요? 도청되고 있었다는 건 아셨죠?"

"일부는 기억이 나. 걱정하게 된 특별한 계기는 생각이 안 나지만." 그는 말했다.

"국방부 보고서는?" 나는 물었다.

"아. 그건 좀 의심스러웠지."

"뭔가 냄새가 난다거나 마음에 걸리는 사건이 있었다거나요?"

"아니요, 그렇게 자세한 건 하나도 기억 못 해."

"에일리크먼 기억하세요?" 나는 물었다. 에일리크먼은 인과응보와 백악관 압력의 화신이었다.

"에일리크먼은 기억나요. 그 사람과 무슨 일이 있었는지는 자세히 기억나지 않아."

"선생님과 제가 언제 만났는지는 기억하세요?"

그는 멍했다. 그의 눈빛은 진심이었다.

"하나도요?"

"아니. 아니. 기억 안 나."

"예전에 우리가 만나 담소를 나누던 것 기억하세요?" 나는 물었다. 점심을 먹으며 나는 우리가 백악관에서 처음 만난 저녁을 상기시켰다.

"지역과 시간은 기억나지만, 자세한 건 하나도 기억이 안

나."

"저는 해군에 있었습니다." 나는 백악관에 서류를 전달하러 갔었다. "선생님은 무슨 일인가로 오셨는데요."

"나도 모르겠어요." 그는 말했다.

"선생님께서는 오늘처럼 저를 친절히 대해주셨어요."

"음, 그거 다행이로군요. 내 생각에 그건 그냥 내 성격인 것 같아요. 댁에게만 특별히 그런 게 아니라."

"네, 하지만 기꺼이 저를 도와주셨고 위험도 감수하셨어요."

"기쁜 일이로군." 그는 말했다.

"그렇게 하신 이유가 무엇이었는지 기억하세요?" 나는 물었다. 이것은 내가 지니고 있던 의문이었다. 왜?

"아뇨, 그 배경은 전혀 기억나지 않아요."

"FBI가 워터게이트를 수사하고 있었고, 선생님은 닉슨의 FBI 탄압이 꽤 세게 들어오고 있다는 걸 아셨죠." 나는 말했다.

"그래, 그랬었지."

"선생님은 이런 식이셨던 거죠. 여기에 더 있다. 저는 꽤 끈질기게 선생님을 졸라댔고요."

"기억이 나지 않아." 그가 대답했다. 이번에도 그의 눈빛은 진심 같았다.
"전혀 기억을 못 하시네요." 나는 말했다. 큰 사건들은 분명 기억할 것이었다. 가장 큰 사건. "닉슨이 사임했을 때 기억나세요?"
"글쎄요, 흐릿하지만 기억나긴 해요. 어떤 일이 일어났는지는 구체적으로 예를 들어줘야 하겠지만."
"닉슨이 왜 사임해야 했는지 기억하세요?"
"그건 전혀 기억 안 나요." 변화 없는 목소리로 그는 답했다.
주요 사건이나 사건이 발생했던 이유는 잊은 상태였다. 워터게이트 은폐를, 거의 1년 동안 그가 목격해야 했던 일들, 바로 눈앞에서 펼쳐지던 은폐 조작, 매일 매일, 인터뷰 또 인터뷰, 백악관의 은폐를 덮는 백악관의 은폐. "왜 FBI를 떠나셨는지 기억하세요? 왜 은퇴하셨는지 기억하세요?"
"내가 FBI를 떠난 건 임기를 마쳤으니 은퇴할 자격이 됐고 대학에 가고 싶어서, 법대에 가고 싶어서였죠. 내 생각에 그게 이유였던 것 같아."
그는 1930년대에 법대에 갔으며 그건 FBI에 들어가기 전이었다. 변호사라는 것은 분명 그의 핵심 정체성의 일부였다. "FBI를 나와 법대에 가려고요?" 나는 물었다. 친절하게. 내 바람으로는.

"기억이 안 나요."

"기억하지 않으셔도 돼요." 점점 취조처럼 되어갔다. 그럴 생각은 추호도 없었다.

"그럼 다행이군요." 그는 말했다.

"제 친절한 얼굴 기억하세요?" 나는 물었다.

"예."

"늘 조르고 투덜대던 것도요?"

그는 동의도 반박도 안 했다.

"칼 번스타인과 제가 한 일은 옳았다고 보세요?"

"예, 물론 당신들이 한 일은 옳았다고 생각해요."

"왜 그리 어려웠을까요?"

"거기 관련됐던 사람들에게 서로 다른 동기가 있었어요. 상황이 복잡했을 뿐이에요. 다들 서로…, 서로 다른 집단을 도우려 한 거고." 그는 말했다.

나는 왜라는 질문으로 되돌아가고 싶었다. "도와주고자 하신 건 저를 아셨기 때문이었나요, 아니면 그저 뭔가 냄새가 나서였나요?"

"댁을 알았기 때문은 아니었어. 확실해요." 그는 대답했다.

"제가 졸라댔기 때문이었나요?" 나는 말했다.

"그래요."

"그 뒤로는 그 일로 무척 화를 내셨죠, 우리가 너무 멀리 갔다 여기신 거죠. 어떤 메모가 있는데요."

"그런 메모가 있나요?"

이제 내가 "그래요."라고 할 차례였다.

"음, 그런 건 잊고 있었네." 그는 말했다.

"선생님께서 뭐라고 하셨냐면, '우드워드와 번스타인, 그들이 하는 말은 이따금 절반은 허구가 아니면 온통 꾸며낸 말이다'." 나는 특히 디타 비어드 기사에 관한 그의 메모를 가리켜 말했다.

"그걸 쓴 기억이 전혀 없어요." 그는 말했다.

"그러고는 저희가 분명 FBI나 법무부에서 나오는 정보를 얻고 있다고도 하셨어요."

"그 시기에 관한 일은 떠오르는 게 거의 없어요." 그는 말했다.

"자신을 위한 일종의 위장술이었나요? 우리가 이런 기사를 쓰는 일로 FBI는 화가 나 있었으니까요."

"아니요, 그런 것 같지 않아. 내 생각에 과거 내 레벨 정도면 FBI 정책에 관한 한은 원하는 건 뭐든 할 수 있었어요."

"음, 그레이가 FBI를 이끌고 있었어요, 아닌가요?" 나는 물었다.

"나에게 힌트를 얻어서 한 거지."

"네, 그 힌트는 무엇이었나요?"

"구체적인 건 생각나지 않아. 내 말은 내가 최종 결정을 내렸다는 거요."

그런 일이 가능했을까? 나는 궁금해졌다. 딥스로트가 되어 나에게 말하는 것이 그가 내린 최종 결정이었을까? 하지만 나는 묻지 않았다. "가장 많은 일을 아셨고 그보다 더 많은 일을 또 보셨죠, 전반적으로. 중대한 일이 생기고 나서."

"음, 그랬을 거라 추측되네. 지금은 자세히 기억나지 않아요."

"그 이상을 하셨어요. 많은 일이 선생님 책상을 거쳤고요."

"오, 그래요."

"그분들이 선생님께 뭐라도 숨긴 적 있나요, 그랬으리라 보세요?"

"아니, 그러지 않았을 거요. 그분들이라니 누구를 말하는지 모르겠네."

"FBI에 계시던 분들요." 나는 말했다. 변호사가 '그들'이 누구냐고 묻는 건 예삿일이었다.

"그들이 숨길 일은 없어요." 그는 자신 있게 말했다.

"존 딘이 팻 그레이에게 준 증거를 그레이가 파기했던 것 기억하세요?" 확실히 그 일은 워터게이트 사건에서 아주 큰 특종에 들어갔다. 그레이의 종말이 그랬듯이.

"그건 기억 안 나요, 안 나요."

"그레이는 정말 불명예스럽게 떠났지요." 나는 말했다.

"그랬겠죠. 그 일에 대해서도 정말로 기억이 안 나요."

"러켈샤우스를 그 자리에 앉혔죠."

"러켈샤우스…. 기억나요."

"그에 대해선 화내지 않으셨죠."

"안 그랬죠."

"그러고 나서 은퇴하셨죠. 그 자리를 선생님께 줄 수도 있었는데, 사실상 선생님께서 2인자셨으니까요, 안 그래요?"

"맞아요. 그랬던 것 같아." 그는 말했다.

"떠나야 하셨을 때는 언짢으셨나요?"

"때가 된 거였지."

"웨더맨들을 상대로 한 침입에 관해 에드 밀러와 선생님이 추궁받던 때 기억하세요?"

"자세한 건 하나도 기억나지 않아."

"재판을 받으셔야 했죠? 그건 기억나세요?"

"아니."

"선생님께 유죄판결이 내려졌고 레이건이 선생님을 사면했죠?

"아, 그건 생각이 나네, 그래요."

"그 일로 기분 좋으셨지요?"

"음, 분명 그랬겠지."

"잭 맥더모트 기억하세요?" 나는 물었다. 그는 워터게이트를 수사 중인 워싱턴 현장 사무소 담당 특수 요원이었다.

"이름은 들어본 것 같은데 그 외에는 하나도 기억나지 않아."

"또 제가 알아야 할 것이 있나요?" 그에게 나는 물었다. 기자로서 마지막으로 하는 절박한 질문이었다. 자신이 딥스로트라는 것을 떠올리지 못하거나 심지어 그 사실을 부인하는 건 원치 않았다.

"글쎄, 내가 생각하고 있던 건, 모든 일이 내 기억에는 흐릿해서. 댁이 그에 관해 오늘 오후하고 나중에 좀 더 생각해보면 어떻소? 그다음 묻고 싶은 구체적인 질문을 좀 적어

보든가."

"보고서, 서류, 노트는 없나요?" 나는 물었다. 그것은 기자의 또 다른 마지막 질문, 조금은 절박한 질문이었다.

"아니. 전혀 없어요."

"선생님 책 제목이 무엇이었나 기억하세요?"

그는 즉각 정확하게 대답했다. "〈FBI 피라미드〉. 자, 오늘은 이 정도만 해야겠어. 함께 해준 것도, 훌륭한 점심을 대접해준 것도 고마워요. 언제고 나를 만나고 싶으면 이리로 오면 되고."

나는 녹음기를 끄고 질문을 좀 더 했다. 그의 대답은 제자리걸음만 시켰다. 하지만 뭐라도 건지고 싶었다. 적어도 선의를 느끼고 싶었다. 녹음기를 도로 켰다.

"좋은 일은요, 선생님이 그 일을 지금은 우호적으로 보신다는 거예요. 오랫동안 저에 대해 언짢아하셨거든요." 나는 말했다.

"이해할 수 있어. 분명히 그랬겠지."

"이제 나아지신 것 같아 다행입니다." 나는 낙관적으로 말했다.

"좋아요." 그는 말했다.

나는 복잡한 심경으로 나왔다. 대립하거나 비난하거나 무모하게 굴고 싶지 않았다. 그 선을 넘지 않았으면 했다. 여전히 궁극적인 의문들, 내가 직접 다가가 묻지 못한, 28년 전에 묻지 못한 의문들이 있었다. 왜 딥스로트가 되신 겁니까? 동기가 무엇이었습니까? 당신은 누구입니까? 누구였습니까?

상황이 더 나빠져 이번에 만난 그 사람이 비밀 유지를 맹세한 사람과 같은 사람인지 고려해야 했다. 내 책임은 무엇인가? 누구에 대한 책임인가? 나는 워싱턴 집으로 갔다.

그를 방문했던 일을 마음속에 되새기고 우리가 나눈 대화를 받아적으며 내가 품고 있던 강렬한 감정을 깨달았다. 그 감정은 '감사함'이었다. 그는 워터게이트에서만 나를 도와준 게 아니었다. 그는 기자 생활에서 신뢰 관계를 형성하는 방식을 보여주었다.

몇 개월에 걸쳐 그리고 다음 여러 해 동안 펠트가 사망할 시 그의 신원을 공개할 가능성에 대해 혼자 고민하고 아내와 논쟁하면서 몇 가지 심각하고 실질적인 문제에 봉착했다.

내가 인터뷰한 사람들은 딥스로트 같은 취재원을 거의 30년 동안 보호하고자 한 내 의지를 높이 사서 민감한 극비 사항을 말하고자 했다. '당신은 취재원을 보호해 줄 테니'는 흔히 듣던 말이었고, 이 말은 종종 다 안다는 듯이 껄껄 웃거나 딥스로트를 직간접적으로 일컬으면서 나왔다.

이건 '딥스로트' 대화라며 말을 꺼낼 때도 있었는데 그러면 행정부에서 민감한 직위에 있는 사람들이나 FBI 요원들마저 고개를 끄덕이면서 놀라운 일들을 털어놓는 것이었다. 딥스로트 혹은 취재원에 대한 엄중한 보호는 이제 말하지 않아도 대화의 일부분이었다. 은밀하고 중대한 정부 내 투쟁과 갈등, 치명적 관료주의 기동전은 스캔들만큼이나 워싱턴 보도로 자리매김했다. 취재원 보호는 범죄와 국가 보안만큼 중요했다. 나는 대법원, 할리우드 약물 문화, CIA, 국방부, 클린턴 백악관에 대해, 나중에는 조지 W. 부시 행정부, 9/11 테러리스트 공격, 이라크 전쟁 내부 스토리에 대해 여러 권의 책을 쓸 수 있었다. FBI, CIA, 국가 안보 회의의 비밀 숙의는 종종 이런 보도의 초석이 되었다.

신문이나 책에서 보도는 부분적으로는 효율성의 문제다. 문제의 핵심에 빠르게 접근해, 알고 있거나 문서를 보유한 사람을 찾아 최대한 빠르게 신뢰 관계를 형성하는 것이다.

딥스로트 유산은 '난 절대 말하지 않을 것이다.'라는 합의를 확립하는 기반이었다. 처음 인터뷰하는 동안 인터뷰 대상은 종종 곧장 말을 시작한다. 이상한 일이지만 많은 사람, 아니 확실히 일부 사람이 비밀을 인도하고 싶어 했다. 기자와의 거래는 그들에게도 중요했다. 이러한 유산이나 이점을 위험하게 만들 일은 그 무엇도 하고 싶지 않았다. 미래의 기회가 딥스로트 신원 공개보다 더 중요했다.

비밀 취재원이 평생 보호받을 거라 느끼는 건 대단히 중요한 일이다. 사람들이 나서서 말할 때는 끝까지 보호받을 거라는 걸 믿을 수 있어야 한다. 이건 일과 명예의 문제였다. 마크 펠트는 평생 익명을 지켜준다는 약속을 받았다. 그가 사망한 뒤에야 딥스로트의 신원이 공개될 수 있을 터였다. 그의 가족과 친구들과 전 FBI 동료들의 이해를 나는 바랐다. 그건 내가 아는 걸 전부 털어놓을 때만 가능할 일이었다.

1970년대의 펠트는 이제 존재하지 않았다. 그가 남몰래 챙긴 비밀 기록이 있지 않은 한 의문들에 대한 답은 얻을 수 없는 상태가 되었다. 그 모든 중요한 것들을 포괄하는 의문에 대해서는 여전히 완전한 답을 찾지 못했다. 그가 자신을 정당화한 심리적 전략은 무엇이었는가?

나는 펠트에게 큰 빚을 지고 있었으며 신중하게 굴고 싶었다. 워싱턴포스트의 벤 브래들리처럼 마크 펠트는 어떤 면에서 내게 아버지 같은 분이었다.

역사 기록을 바로잡는 것은 그의 정체를 밝히기에 불충분한 이유였다. 하지만 그의 신원은 워터게이트를 완전히 이해하는 데 대단히 중요했다. 마크 펠트는 닉슨 테이프의 자매편과 다름이 없었다.

그 테이프는 닉슨이 주기적으로 범죄 활동을 명령하고 정부 권력을 남용했음을 증명하는 반면 마크 펠트라는 이름은 그가 FBI에서 지녔던 2인자라는 지위로 인해 중요하다. 사법 체계가 닉슨 때문에 부패한 채 정치에 개입돼 있어 FBI는 워터게이트의 밑바닥까지 파헤칠 수 없었다. 법과 규칙은 옆으로 밀려나 전복된 상태였다. 만약 그가 없었다면 그리고 비밀 취재원으로 제보한 수많은 정보가 없었다면, 그리고 검사들과 시리카 판사 그리고 의회가 없었다면 닉슨 테이프를 결코 손에 넣지 못했을 것이다. 그 테이프는 워터게이트의 내부 스토리이다.

펠트는 많은 위험을 감수했다. 그가 처한 위험을 결코 전부 헤아릴 수 없었다. 그 자신은 헤아렸는지 모르겠다. 펠트가 1999년에 하트포드 쿠란트에서 "나라면 더 잘했을 것이오. 나라면 더 유능했을 것이오"라고 할 때 그의 마음속 한편에서는 자신이 위험을 충분히 감수하지 않았다고 여긴 것인지도 모른다. 그는 신중했고 스스로를 보호했다. 정말 놀라울 정도로 그랬다. 아니면 딱 적절한 정도로 위험을 조절했던 건지도 모른다. 자신은 노출하지 않고 스토리를 내보내면서.

CHAPTER

14

The Secret Man

1972년 워터게이트 초기 수사에서 FBI 요원들은 최고위급에 있는 닉슨 추종자들이 거짓말한다는 것을 알았다. 1966년부터 1988년까지 요원으로 있던 밥 릴은 1972년 워터게이트 사건을 수사한 수사부장이었다. 1998년 릴을 인터뷰했던 당시 그는 1972년에 또 다른 요원과 존 미첼을 심문한 일을 떠올렸다. "미첼은 이런 말만 했어요. 환하게 웃으면서 말이죠. '신문에서 본 것 말고는 아는 게 없소. 대체 내게 원하는 게 뭐요?'"

릴은 10분간의 그 인터뷰는 코미디였다면서 이렇게 말했다. "그냥 웃어넘겼어요. 처음에는 모두 거짓말한다고 생각했습니다. 거짓말을 당연시한 거죠."

CIA가 FBI 수사를 중단시키려 했을 때 FBI 요원들이 이를 거부하려 했다고 릴은 말했다. "이 단서를 쫓는 게 금지되면 집단 사임을 고려하겠다는 텔레타입이 돌았어요." 이 생각을 한 요원은 15명에서 20명이었다. "분명 우리는 물러설 수 없다고 만장일치가 돼 있었어요. 이건 말도 안 된다. 이 자체만으로도 은폐에 가까운 일이고 우리는 반드시 수사를 계속해야 한다. 이 문제에 대해 우리가 모두 한 마음이라는 것을 확실한 언어로 그쪽에 알린 거죠."

"이럴 수는 없다. 이건 너무나 중대한 수사 방안이다. 수사를 중단해서는 안 된다. CIA의 요구는 허풍에 불과하다."
1972년 6월 23일, FBI 워터게이트 수사를 중단시키라고 닉슨이 CIA에 요청한 것이 드러나는 테이프가 공개된 1974년에야 대통령이 사임했다. 1975년 워터게이트 은폐에 대한 재판에서 존 미첼이 유죄판결을 받은 것은 그가 FBI 요원들에게 거짓말했기 때문이다.

1972년에 마크 펠트가 현장 요원들의 불만과 의심을 알았음은 꽤 명백하다. 그가 아는 게 FBI 파일에 기록된 것보다 많았다. FBI를 둘러싼 분위기와 요원들의 태도는 하나의 메시지를 외치고 있었다. 닉슨의 사람들은 거짓말하고 있고 백악관은 은폐하고 있다는 메시지가 그것이었다.

2000년 내내 딥스로트 딜레마로 고민했다. 내가 이 문제를 상의한 유일한 사람은 아내 엘사 월시였다. 1980년대 초에 그녀에게 말한 건 딥스로트가 내 과거의 큰 일부분이기 때문이었다. 무엇이 옳은가, 마크 펠트는 지금 무엇을 정말 원하나, 언론인으로서 어떻게 하는 것이 적절한가, 어떻게 하는 것이 펠트와 나 모두를 위해 그리고 워싱턴포스트와 저널리즘을 위해 안전한가? 비밀을 무덤까지 가져가는 게 최선일 수도 있다고 이따금 엘사는 말했다.

분명한 건 펠트가 그 계약을 해제해 줄 때까지는 아무것도 해서는 안 된다는 것이었다. 하지만 1972년 엄격한 비밀유지를 내건 당사자는 마음의 감옥에 갇혀 있는 듯이 보였다. 치매나 심각한 기억 상실에 걸려 고통받는 86세의 노인이 자신을 위한 최선을 결정할 수 있는가? 그에게 최선의 이익은 무엇인가? 그가 무엇을 두려워할지 짐작조차 못 했다. 정말 그가 두려워하긴 한 거라면 말이다. 2000년 방문했을 때는 나를 친구로 대했다. 두려워하지 않는 모습이었다. 딸 조안은 다른 사람들에게 아버지가 딥스로트인 양 말했고 그걸 듣는 나는 축하하고 있었다. 그녀의 의구심은 점점 커지고 있었으나 그는 계속해서 자신이 딥스로트였다는 것을 딸에게 부인하는 것 같았다.

훗날 2000년 워터게이트 사건 후반기에 백악관 고문이던 레너드 가먼트가 〈딥스로트를 찾아서: 우리 시대의 가장 위대한 정치 미스터리〉를 출간했다. 가먼트는 워터게이트 사건 직전에 백악관을 떠난 전 닉슨 행정부 직원 존 시어스가 딥스로트였다고 주장했다. 나는 완전한 착각이라고 공개적으로 말했다. 그러자 시어스는 열 올리며 부인했는데 그게 우쭐해서 그러는 것인지 명예훼손을 당했다는 말인지 알 수가 없었다. 훗날 그는 자신이 틀렸다는 걸 인정하는 듯했다.

가먼트는 분석을 통해 답을 구하면 찾을 것으로 믿었다. 그는 분석가였는지는 모르지만 수사관이 아니었다. 가능성 있는 후보를 추려내던 중 펠트에게 정보와 동기도 있었다는 걸 알게 됐다. 가먼트는 이렇게 썼다. "펠트를 후보로 하지 않은 것은 〈모두가 대통령의 사람들〉에 나오는 딥스로트가 FBI 중역 같아 보이지 않아서였다." 이 이유만으로 그는 펠트를 용의자에서 제외했다. 가먼트의 저서에 펠트를 추적하려고 시도했다거나 FBI 워터게이트 파일을 검토했다거나 펠트의 회고록을 읽었다는 증거는 없다.

가먼트의 글에 따르면 "딥스로트의 특별한 공적은 닉슨에 대한 이야기를 우드워드와 한 것이었다. 딥스로트는 화가 난 닉슨의 목소리를 알고 있었고 은폐와 관련된 다른 사람들의 행동거지도 알았다."

1972년 주지사 조지 월리스 암살 기도가 있은 후, 미수범에 관한 이야기를 할 때 닉슨의 성격이 드러난다. "그래, 그 개자식을 제대로 혼쭐 내주지 않았다니 유감이군!"이라는 닉슨의 말은 고전이다. 테이프에는 좀 더 차분했던 것으로 나오지만 말이다.

가먼트는 1972년 10월 10일 자 기사, 즉 워터게이트는 단일 사건이 아니라 정치 첩보 작전과 방해 공작이 폭넓게 자행되었다는 것을 이해했다.

그 기사를 쓰기 전에 칼과 내가 딥스로트와 가진 미팅에 대해 가먼트는 이렇게 말한다. "딥스로트는 이 길고 긴 미팅에서 우드워드와 번스타인이 필요로 하는 것을 주었다. 바로 구조화 원칙이다." 세그레티와 여타 인물들 활동에 대한 그 서사는 "저널리즘 분야의 괄목할 만한 작품으로 우뚝 서 있다…. 우드워드와 번스타인은 일반적인 방식에 따라 그리고 딥스로트의 도움으로 1972년 10월까지 워터게이트에 대해 밝혀냈다."

가먼트가 말한 그 스토리는 이렇게 시작했다. "FBI 요원들이 확인한 바에 따르면…." 'FBI'라는 말이 표제에도 나와 있었다. 수사 쪽에 좀 더 무게를 두는 사람이었으면 FBI, FBI 요원, 파일이란 말에 호기심이 발동했을 수도 있다.

2002년 4월 말 워싱턴포스트에 전화로 나를 찾는 사람이 있었는데 자신을 마크 펠트 주니어라고 밝혔다고 했다. 그는 번호를 남겼다. 조바심을 들키고 싶지 않아서 며칠을 기다렸다. 마크에게 같은 이름의 아들이 있다는 건 알고 있었다. 나는 며칠 뒤에 쉰다섯 살의 아메리칸 에어라인 비행기 조종사이며 플로리다에 살고 있는 마크 주니어에게 전화했다. 우리가 통화한 날은 2002년 4월 30일이었다.

마크 주니어는 깜짝 메시지를 전했다. "아버지께서 그 긴 긴 세월이 지나고 처음으로 자신이 딥스로트라고 말씀하셨습니다." 아버지는 처음에 간병인에게 말했고 그다음 조안과 마크 주니어에게 말했다. 아버지가 오래 교제한 옛 여자 친구(이베트)가 조안에게 전화해 1980년대에 마크 펠트가 자신이 딥스로트라고 했다고 말했다. 이베트는 비밀을 지킬 것을 맹세했다고 했다.

"모든 게 그저 놀라울 따름이었어요." 펠트 주니어는 말했다.

나는 가능성 있는 딥스로트 후보가 사망했기 때문에 더 이상 그 문제에 대해 코멘트하지는 않겠노라 했다. 그 이상은 할 말이 없었다. 나는 조안에게 전화하겠다고 했다.

펠트 가족은 변호사를 데려왔는데, 그는 전직 연방 검사 시보였고 샌프란시스코에서 소송 전문가로 일하는 존 D. 오코너였다.

나는 5월 6일과 5월 9일에 오코너와 통화했다. 그는 최근에 마크 펠트 시니어를 만났다고 했다. "그분께서 자신이 딥스로트였음을 인정하셨습니다." 오코너는 말했다.

내 입에서 헉 하는 소리가 나올 뻔했다. 상황은 그렇게 됐다. 드디어 나온 것이었다.

"그분은 현재 그 일을 밝히고 싶으신지 아닌지를 장황하게 말씀하십니다." 오코너는 말을 이었다. 펠트는 FBI 요원들이 자신을 어떻게 볼지를 걱정하고 있었다.

오랜 의문이었다. 펠트는 애국자였는가, 배신자였는가?

나는 5월 10일에 조안에게 연락했다. 아버지가 넘어져서 고관절이 골절되고 뇌졸중이 또 한 번 왔다고 했다. 그리고 덧붙여 말하기를 아버지는 뭐가 옳은 길인지 확신을 못 한다고 했다. 그는 가족의 안전을 걱정했으며 공개되면 '가족을 불명예스럽게'할 수도 있다면서 밝히고 싶지 않다고 했다는 것이었다.

조안은 아버지가 '정신이 왔다갔다하신다.'고 했으나 분명 그는 깊이 괴로워하고 있었다. 딥스로트 문제를 상의한 날 밤에 그는 밤을 꼬박 새웠다.

그녀는 아버지를 바꿔주겠으나 그날 장시간 차를 탄 뒤라서 매우 피곤하시단 걸 알아달라고 했다.

마크가 전화를 받자 나는 내가 누구인지 밝혔다. "잘 지내세요?"

"그래요, 잘 지내지요. 잘 지내시오?" 곧장 활발한 목소리로 그는 말했다.

그는 나에게 어떻게 거기로 왔느냐고 물었으나 나는

D.C.에 있다고 말했다.

"나도 D.C.에 있어요, 조안 집이 있는 곳이거든. D.C.가 아닌 것도 같네만." 그는 이렇게 말했다. 목소리는 명료했다.

나는 그가 캘리포니아 산타 로사에 있다는 걸 일깨워주었다. "30년 전 워터게이트 시절로 돌아가 보실 수 있나요. 저를 도와주신 일을 기억하시는지요?"

"글쎄요. 꽤 많은 일이 생각나지만 나는 아주 잘 잊어버리고요. 나는 잘 잊어버려, 이제는."

"선생님께서 아주 중요한 분이셨기 때문에 저를 도와주셨다는 것 생각나세요?"

"아뇨, 생각 안 나요."

"그 시기 일은 전혀 떠오르지 않으세요?" 나는 물었다.

"네." 그는 슬퍼하며 대답했다.

"FBI에서 일하시던 때는요?"

"아뇨, 아무 일도 떠오르지 않아. 많은 것이 아예 사라졌어요."

"닉슨이 사임한 1974년은 생각나세요?"

"아니."

"팻 그레이는 기억하세요?"

"그래요, 그렇기도 하고 아니기도 해요."

"그에 관해 뭐가 기억나세요?"

"그에 대해서는 아무것도 기억 안 나요." 펠트는 대답했다.

후버가 사망한 뒤 그가 FBI의 국장 대리가 되었다고 나는 일깨워주었다.

"아니, 그 일 기억이 안 나요."

"닉슨이 FBI에게 압력을 가하려 한 건 기억 나세요?"

"아니요."

"선생님과 제가 백악관에서 만났을 때 생각나세요?" 1970년 당시 나는 해군에 있었고 아마 헤이그를 만나러 갔을 거라고 상기시켰다.

"아뇨, 기억 안 나요."

더는 기억을 강요하고 싶진 않다고, 나는 말했다.

그는 고마워하는 듯했다. 분명 자신의 기억이 불완전함을 설명하고 그것을 사과할 일이 무척 많을 것이었다.

"선생님과 저는 친구였어요." 나는 말했다.

"맞아요." 그는 생기가 돌며 말했다.

선생님께서는 든든한 분이셨다고, 나는 말했다. "무슨 말씀인지 아세요?"

"그런 말을 해주니 자랑스럽군요." 그는 말했다.

내가 무슨 말을 할 수 있을까? 울컥해서 소리치고 싶은, 아니 그냥 울고 싶은 충동을 느꼈다. 나는 안녕히 계시라고 말했고 그는 전화를 끊었다.

그의 진짜 기억을 떠올리게 만들어 그를 이 결정에 참여하게 하고자 한 것이었다. 이 얼마나 규정하기 힘든 개념인가, 진짜 기억이라니. 그게 도대체 무슨 뜻이란 말인가? 1992년에 이란/콘트라[1] 사건을 수사하던 특별 검사 로렌스 월시는 전임 대통령 로널드 레이건이 선서 증언을 해야 한다고 고집했다. 레이건은 당시 81세밖에 안 됐으나 확실히 정신이 쇠락해 있었다. 레이건은 오랜 친구이며 동료였던 조지 슐츠가 국무장관이었다는 것도 에드 미즈가 고문이었다는 것도 기억하지 못했다. 자신의 일기를 읽어주는 것을 듣고 레이건이 한 말을 나는 결코 잊지 못할 것이다. "대통령이었던 적이 없는 것 같습니다."

아주 슬픈 일이다. 이 일이 떠올라 나는 같은 방식으로 마크 펠트를 괴롭히고 싶지 않다고 확신했다. 실제로 펠트가 이런 말을 할 상황은 원치 않았다. "딥스로트였던 적이 없

---

[1] 레이건 행정부가 니카라과 반정부 세력에 자금을 조달하기 위해 이란에 무기를 팔았던 20세기 최대의 스캔들 - 옮긴이

는 것 같습니다."

내게는 그가 딥스로트가 된 일이 그가 맡은 역할 중 가장 중요한 것이었다. 역사적 측면에서도 그럴 것이다. 하지만 그 자신에게도 그랬을까? 그에게 정말로 중요한 건 FBI에 종사했던 31년이었을까? 아니면 후버의 측근이었던 시절이나 국장의 오른팔로 지냈던 후버 생존 마지막 해였을까? 아니면 다른 그 무엇이었을까? 너무 감정에 치우치지는 말아야 한다. 그의 과거에도 길가에 핀 로즈버드가 있었을까?

내가 아는 펠트의 버전이 있다. 신중하면서도 대담하고 용기 있는 그는 자신이 정한 길을 갔고 비밀 취재원 역할을 잘 해냈다. 분명 그것이 역사가 아는 버전일 것이다. 그렇지 않나? 그는 자신이 할 역할을 다듬어 더 높은 원칙에 헌신할 길을 찾은 것이었다. 그렇지 않나?

그가 스스로 생각한 버전은? 결코 알 수 없을 것이다. 자신이 규정한 바에 따라 다른 누군가에게 맹세한 의무가 그에게도 있었을까? 오래전에 그의 마음속 깊은 곳이 갈기갈기 찢기어 있었을지도 모른다. 다른 많은 사람과 마찬가지로 그 역시 1인 2역을 했다. 그게 전부다. 그는 불가피하게 두 가지 역할에 모두 충실해야만 했다. 그 두 역할이 서로 무난히 맞지는 않았을 수도 있다. 성격의 모순이었을까?

나는 조안에게 전화해 아버지는 기억이 부정확하니까 그 말이 정말 믿을 만한 말은 아니라고 했다. 지난주에 아버지가 팻 그레이를 떠올렸다고 조안은 말했다. 어쩌면 오늘 온몸이 피곤해서 그런 건지도 모른다고 조안은 말했다. 그는 보통 이른 오후에 몸 상태가 가장 좋았다.

조안은 말했다. "아빠가 당신을 기억한다는 게 사실 놀라워요. 제대로 알지 못한 사람은 보통 기억 못 하시거든요." 그녀는 말을 잠시 멈추었다. "어쩌면 제가 생각하는 것보다 당신을 더 잘 아셨나 봐요."

CHAPTER

15

The Secret Man

2002년 봄에 벤 브래들리에게 내가 쓰고 있는 딥스로트 관련 원고를 봐달라고 부탁했다. 그날은 5월 30일 목요일이었는데, 그는 하루 종일 그 초고를 읽고 몇 가지 제안을 했다. 그는 내가 쓴 것이 맞다고 했다. 자신이 직접 아는 부분과 수십 년 전에 내가 말해준 부분과 같다고 말이다. 그는 내가 신문사에서 그 스토리를 썼던 것, 결국 딥스로트가 있다는 걸 증명한 것, 딥스로트가 단일 인물이라는 사실에 기꺼워하는 것 같았다.

브래들리는 가장 먼저 답해야 할 문제가 있다고 말했는데, 그 문제를 제안하면서 말과 표정 그리고 몸짓으로 확신을 표현하고 강조하는 방식은 오직 그만이 할 수 있는 일이었다. 영화에서 로바즈가 정확하게 연기했듯 그게 바로 브래들리였다. 벤이 이런 식으로 말하면 사람들의 관심을 끈다. 극적이나 진실성이 있다. 자신이 내린 결론을 공유하면서 그는 평생의 경험과 지식을 바로 이 순간 내어놓는 것처럼 한다. 그 친밀감이 사람을 거의 압도한다.

"자네에겐 문제가 하나 있어, 친구. 자네가 알던 자네가 맹세한 그 사람이 현재는 그 사람이 아닌 사람에게 자네는 그 맹세를 지킬 의무가 있나?" 그 질문을 곰곰이 생각해보도록 브래들리는 잠시 나를 내버려 두었다. 이건 이미 고려해 본, 저울질하고 있던 질문이었다. "답은 예스, 명백히 예스야." 자기가 한 질문에 스스로 답한 브래들리의 설명은 이러했다. "1970년대에 존재한 거래, 계약, 관계를 가라앉혀야 해. 88세의 마크 펠트는 당시의 펠트와 같은 사람이 아니라 그 후임이랄까 노쇠함과 기억 상실의 희생양이야. 마지막 유언과 증언에서의 '건전한 정신' 조항도 이 문제를 다루지만 펠트는 그 기준을 통과하지 못해."

펠트의 '진정한 소원'의 성립 여부가 문제였다. 또 브래들리는 자신이 딥스로트라는 것을 한 번은 인정하게 할 수 있을지 몰라도 같은 말을 두 번 하지는 않을 거라고도 했다. "펠트가 사망하기 전에 뭔가 하는 것을 진지하게 고려하고 있다면," 브래들리는 이렇게 권했다. "하지 말게."

그다음에 나는 윌리엄스 앤 코놀리 로펌에 있는 담당 변호사 로버트 바넷에게 전화했다. 나의 고문이자 친구인 바넷은 밥이라는 애칭으로 불리웠다. 밥은 20년 동안 내 책의 협상을 맡아왔다. 1970년대 초에 대법관 바이런 화이트의 서기였던 밥은 전직 국무장관 조지 슐츠, 전 부통령 댄 퀘일, 부통령 딕 체니의 아내 린 등의 공화당과 전 대통령 빌 클린턴과 상원의원 힐러리 클린턴을 등의 민주당 대리인으로 활동하는 정말 흔치 않은 양다리 행보를 보였다.

밥은 딥스로트의 신원을 알 필요가 없었으므로 그에게는 말하지 않았다. 다만 그 사람이 자신의 신원이 공개적으로 알려져도 된다는 것에 곧 동의할 듯하다고 말했다. 이 스토리가 그가 사망하기 전에 알려져야 하는가? 알려져야 한다면 어떻게 알려져야 하는가? 나는 그에게 이 문제를 포괄적으로 생각해 달라고 요청했다.

밥은 문제 해결을 요청받으면 하루 종일 모든 차원에서 파고든다. 수년간 워싱턴 정치판을 경험한 그는 상상도 못할 각도에서 상황을 본다. 당신의 변호사일 때 그는 당신의 이익을 위해 자신을 전부 내어준다. 나는 그가 그 문제를 심사숙고해주길 바랐다. 수임료를 청구할 수 없는 근무 외의 시간에도 그 문제가 그의 머릿속을 계속 맴돌 거라는 걸 알기 때문이었다. 그렇게 나는 최고의 법적 조언을 얻을 뿐 아니라 제대로 된 할인도 받는 것이었다. 샤워할 때나 비행기 안에서 생각하는 시간에는 수임료가 청구되지 않는다. 잠자리에서 뒤척이는 시간에도. 아, 고마워라!

6월 2일 일요일 밤에 밥이 저녁 식사를 하러 왔다. 그는 편안한 차림으로 뛰어들어왔다. 그는 보통 체격에 큰 안경을 꼈으며 머리숱이 줄고 있었다. 움직임과 말 등 모든 것은 민첩했으며 번개처럼 빨랐다. 항상 날이 서 있었고 집중

한 상태다. 모르는 사람이 그를 처음 보면 그가 긴장하는 줄 아는데, 1분에 12달러 넘게 청구하므로 그건 상대방이 자신의 관심을 온전히 받고 있다는 걸 보여주는 그만의 방식일지 모른다. 그는 숙제한 것을 가지고 왔다. '고려되어야 할 문제'라는 제목의 문서를 여러 장으로 복사한 것이었다. 거기에는 모든 게 들어있었다. 가능한 책, 잡지 발췌물, 영화 판권, 워싱턴포스트지의 이익까지.

딥스로트의 정신 상태로 보아 그 사람의 허가를 받았음을 분명히 해야 한다고 밥은 말했다. 그 허가는 딥스로트가 자발적으로 완전하게 결정을 내릴 수 있는 상태임이 확인되는 상황에서 주어져야 한다고 말했다. 높은 기준이긴 하지만 옳은 기준이라고 했다. 그 사람이 서명할 수 있도록 자신이 제안하는 내용으로 대략의 선서 진술서를 작성하면 어떻겠냐고 했다. 그것은 이의를 제기할 수 없는 문서로 네 사람이 서명하게 된다고 했다. 딥스로트, 가족 구성원, 딥스로트의 변호사와 주치의. 그 세 명의 증인이 그 허가가 자발적으로 결정을 내릴 수 있는 상태로 주어졌다는 사실을 성립시켜 줄 것이었다.

완벽히 밥다운 문서였다. 모든 사항을 심사숙고한 문서. 하지만 비밀 취재원의 세상은 늘 약간의 의심을 동반하는 것 같았다. 정치와 비밀의 도시 워싱턴은 의심이 가득한 세계다.

취재원과 계약서를 체결해 본 일이 나는 단 한 번도 없었다. 정보를 받는 동안에도 그 후에도 그랬다. 이제 와서 이런 걸 왜 시작한단 말인가? 이 일이 선례가 될까? 계약서는 신뢰가 부재할 때 존재한다. 그리고 보면 이 말은 지금 상황을 꽤 잘 규정하는 말이기도 하다. 하지만 밥의 기준대로 자발적으로 완전하게 결정을 내릴 수 있는 상태로 계약을 체결하는 것은 불가능했다. '결정을 내릴 수 있는 상태'는 확실히 불가능한 일이었다. '자발적으로'와 '완전하게'는 이 경우에 무엇을 의미할까? 나는 선서 진술서에 서명받을 생각은 접었다.

이런 상황에서 존 딘은 워터게이트 침입 30주년인 2002년 6월 17일에 딥스로트의 신원을 밝히는 3만 단어짜리 전자책을 출판할 거라고 공공연히 말했다. 그의 전화가 오자 나는 그 주제에 대해서는 이제 코멘트하지 않겠다고 했다. 그걸로 내 말은 끝났다. 엉뚱한 사람을 지목한 것에 그 사람은 아니라고 말할 생각도 없었다. 많은 용의자가 사망한 뒤였고 나는 이미 여럿을 제외했다. 목록은 점점 더 짧아지고 있었다.

마이크 월리스는 그 유명한 시사 프로그램 '60분'에서 딘의 책을 다룰 작정이라고 했다. 나는 월리스에게 딘이 들고 나온 이름은 듣고 싶지도 않다고 했다. 월리스는 그 이름을 언급했다. 그 이름은 틀린 이름이었고 이미 오래전에 논외로 된 것이었다.

"노코멘트 하겠습니다, 더 할 말 없습니다." 나는 말했다.

"그 보도 안 할 겁니다." 월리스가 말했다. 당사자가 설득력 있게 부인했으며 소송을 걸겠다고 위협도 했다는 것이었다. 딘의 전자책을 출판하는 출판사는 긴장하고 있다고도 덧붙였다. 결국 〈딥스로트의 가면을 벗기며〉는 가면은 벗기지 않고 가능한 인물들의 목록만 들고 나왔다.

딘은 자신의 150쪽짜리 전자책을 셜록 홈즈의 작가 아서 코난 도일 경의 말로 시작했다. 불가능한 것을 제외하고 나면 '남아 있는 것은 그게 무엇이든 얼마나 사실과 멀어 보이든 반드시 진실이다.' 책의 끝에는 데이터의 중요성에 대한 또 다른 코난 도일 인용구가 나온다. '데이터를 확보하기도 전에 이론을 세우는 것은 중대한 실수다. 사람은 이론에 맞춰 서서히 사실을 왜곡하기 시작한다. 이론을 사실에 맞춰 바꾸는 대신.' 딘은 자신의 책을 이렇게 마무리 짓는다. '그런 생각을 염두에 두고 처음으로 사실을 완전히 구분해 낸

사람을 보면 십중팔구는 분명 이렇게 말할 것이다. 나는 왜 저 생각을 못 했지?'

딘은 아서 코난 도일이 경고한 바로 그 실수를 저지르고 말았다. 딥스로트가 닉슨 백악관에 대해 알았으니 실제로 닉슨 백악관에서 일했을 게 분명하다는 이론이다. 딘 자신을 형성한 경험은 결국 닉슨 백악관에서였다. 거기서 그는 결코 벗어날 수 없었다. 외부인이 백악관의 특성을 이해하고 짜맞출 수 있다는 것을 딘은 제대로 인식하지 못했다. 궤도에 있으면서도 그 끝자락에 있는 사람들, 그들이 종종 진짜 발견자가 된다. 그래서 저널리스트, 역사가, 심지어 소설가가 한 시대의 전체를 아우르는 그림을 종종 그리는 것이다.

2002년 6월 11일 나는 전화로 조안 펠트에게 연락했다.

선생님은 좀 어떠세요? 내가 물었다. 며칠 전 밤에 많이 쇠약해졌었다고 그녀는 말했다.

"그래요. 어쩌면 그렇게 쇠약해지시진 않았나 봐요." 아버지의 정신이 왔다갔다한다고 하면서 조안은 이렇게 말했다. "변호사가 오늘날 딥스로트는 영웅으로 보일 거라고 했는데, 확실히 저도 그렇게 생각해요. 우리 아빠에게 그런 배짱이 있었다니 아직도 놀랍네요."

나는 브래들리의 질문을 조안에게 했다. "나이나 다른 이유로 더는 과거의 그 사람이 아닌 사람에게 맹세를 지킬 의무가 있는 걸까요?"

"으으음." 조안은 말했다. 그녀가 내 말을 이해한다는 걸 느낄 수 있었다.

"달리 말해 어떤 이의 진짜 소원이란 뭘까요?" 나는 물었다.

조안의 아버지가 딥스로트인가에 대해 그녀를 상대로 빠져나갈 구멍을 마련해야 했다. 내가 직접 인정을 하면 그녀가 사람들에게 '우드워드가 우리 아빠가 딥스로트였다고 말했다.'고 하는 걸 막을 길이 없을 것이었다. 동시에 나는 그녀를 솔직하게 대하고 싶었다. 어떻게? 머뭇거리다 결국 그가 딥스로트였는지 아닌지 답하지 않겠다고 했다. 하지만 어느 시점에 그가 나를 도와준 건 분명하다고 했다.

"저한테 말씀 안 하실 거란 거죠." 그녀는 말했다.

나는 펠트가 어떤 중요한 일을 위한 일종의 론 레인저[**]였다고 했다. 그 어떤 취재원에 대해서도 그 취재원이 사망할 때까지 신원을 밝히지 않겠노라고도 했다. 그 규칙을 바꾸

[**] 서부영화 주인공으로 죽음의 문턱에서 살아나 무법천지에 오로지 복수에 목매는 인물 — 옮긴이

지는 않을 거라고 말했다. 나는 허가를 받아야 할 거라고, 그 허가는 자발적으로 주어져야 하고 완전해야 하며 결정을 내릴 수 있는 상태에서 주어져야 한다고, 달리 말해 이분이 내가 수년 전 거래한 그분과 같은 사람인지 알아야 한다고 했다.

조안은 나로 인해 딥스로트가 수면 위로 떠오르게 된 것이 아니라는 점을 상기시켰다. "이베트였어요. 아빠 친구요. 아빠가 딥스로트였다고 저한테 말한 사람 말이에요. 그 말이 맞든 틀리든. 적어도 아빠가 이베트에게 자신이 딥스로트였다고 하셨대요." 그게 벌써 약 20년 전이라고 조안은 말했다.

"우리가 서로 아는 사이인 건 눈치채셨죠?" 나는 말했다.

"당신과 아빠요?"

"네."

"그래요." 그녀는 동의했다.

"그냥 지나가다 아는 사이도 아니고 그렇다고 절친도 아니지만 우리는 서로 아는 사이예요." 나는 말했다.

"게다가 아빠가 당신을 기억하시잖아요, 그건 보통 일이 아니에요. 정말 매우 흔치 않은 일이에요, 밥."

나는 말해야 했다. 내가 걱정하는 건 우리 관계에 대해 펠트가 공개적으로 뭐가 말하고 난 다음에 그 반대를 말할 수 도 있다는 거라고. 아니면 기억나지 않는다고 할지도 모르 는 거라고. 전직 FBI 요원으로서 뼈에 박힌 부인하는 습관 이 언제 튀어나올지 알 수 없다고. 비난받거나 웃음거리가 될 일에 그를 노출하고 싶지는 않다고. 낸시 레이건이 전 대통령 레이건을 스포트라이트를 벗어난 곳에만 있게 해 사 람들이 그를 말 탄 사나이로만 기억하게 한 것은 현명한 처 사였다고 말했다. 그래서 대통령 레이건이 고르바초프에게 저 벽을 허물라고 하는 통제권이 있는 강력한 그 이미지만 영원히 남게 된 것이었다고.

아빠는 강하지 않다고 조안은 말했다. "발을 질질 끌고 느릿느릿 화장실 가시는 걸 보면 걷기도 힘들어 보이세요, 겨우 간신히 버티고 계세요. 아빠가 마흔 살 정도였을 때 이 모습을 보셨으면 한심하다고 하셨을 거예요." 그녀는 이 렇게 덧붙였다. "아빠는 제가 어린 소녀였을 땐 몰랐던 새 로운 면이 있으세요. 얼마나 사랑이 넘치시나 몰라요."

사람들이 기억할 말은 펠트 자신의 말이어야 할 거라고 나는 말했다.

"진실이 뭐든 공개하기로 한다면 우리가 확실히 통제할 수 있을 거예요. 우리도 낸시 레이건처럼 할 수 있어요. 다른 사람들이 들어와 아빠를 인터뷰하게 놔두지 않아요."

50명의 카메라맨이 앞마당에서 소란을 피우며 얼굴을 보겠다고, 한마디 듣겠다고 몰려드는 게 어떤 상황인지 그녀는 하나도 모르는 것 같았다. 그의 말을 신뢰할 수 있어야 할 거라고 말했다. 달리 말해 그의 기억이 진짜여야 한다고, 내가 보기에 모든 주제에 대한 그의 기억력은 신뢰할 수 없는 상태라고.

"네, 기억력 안 좋으세요. 당신 말이 맞아요." 그녀는 나더러 계약서를 들고 다시 펠트를 찾아가서 "이걸 선생님 사망 전에 공개할까요, 후에 공개할까요?" 하고 물어보라고 했다. 나는 움찔했다. 그의 사망에 대해 그와 논의하고 싶지는 않았다. 그때 이 모든 이야기가 나왔을 때 펠트가 괴로워 밤새 못 주무셨다고 그녀가 말해준 것을 상기시켰다. "그래도 빨리 극복하셨어요. 하지만 당신이 옳아요, 아빠를 보호해 드려야죠. 공개하면 근사하겠지만요. 이렇게 말할 수 있겠죠. '아빠, 아빠가 저런 일을 하셨다고요! 정말 멋졌다고요.'" 나는 말했다. 나 자신을 보호해야 하고 내 취재원을 보호해야 한다고. 그러기 위해선 자발적이면서 완전하게 결정을 내릴 수 있는 상태에서 주어진 허가를 받았다는 게 성립되어야 한다. 그리고 그 시기는 이미 지났을 수 있다.

"네." 그녀는 말했다.

조안은 아버지와 나눈 대화를 적어둔 노트를 찾아 다시 전화하겠다고 했다. 몇 분 뒤 그녀는 다시 전화했다.

존 오코너, 마크 펠트와 손자 닉 그리고 조안은 일요일에 대화를 나눴다. "딥스로트는 좋은 사람이었고 사람들이 그를 높이 살 거라는 것을 존이 입증했어요."

아버지가 간병인과 오랜 시간 드라이브를 했는데 이렇게 말했다고 했다. '우리 가족의 안전을 위협할 수도 있어.' '우리 부모님이 어떻게 생각하시겠어?' 또 다른 문제는 'FBI 사람들이 뭐라고 생각하겠어?'였어요. 그 문제를 걱정하셨어요. 그에 대해 계속해서 말씀하셨어요. 그냥 계속 말씀하셨다니까요. 아빠답지 않은 일이었어요. 보통 혼자 힘으로 한 가지 주제나 대화를 오래 유지하지 못하시거든요."

그녀는 또 그가 이렇게 말했다고도 했다. "딥스로트가 국가적 영웅이라는 걸 너희가 증명할 수 있어야만 말하겠다. 안 그러면 부인하겠다."

아버지가 딥스로트였다고 생각하는지 물었다.

그녀는 말을 이리저리 바꾸었다. 부전여전이었다.

나를 떠보지 말라고 말했다. "아버지께서 최근 하신 말씀을 볼 때 당신 결론은 뭔가요?"

"내 결론은 '예스'예요. 아빠가 딥스로트라고요. 근사한 일이예요. 그래요, 그런 것 같아요. 놀랍기도 하고요. 아주 놀랍죠. 우리 가족에겐 뭐랄까 신나는 일이죠. 그래서 아빠가 아직 살아계실 때 아빠와 그걸 공유할 수 있으면 하는 거예요. 그냥 그 일을 이야기하고 아빠가 기억하게 도와드리고. 그래서 아빠가 역사에서 자신이 한 역할의 진가를 아시게요. 분명 아빠가 역사에 어떤 역할을 하신 거잖아요."

2년 전에 펠트와 대화했던 상황을 볼 때 그는 FBI 시절로 돌아가 뭐든 증명하기 충분한 신빙성 있는 기억력이 없다는 결론을 내렸다고 말했다.

"그래요, 분명 그때보다 나아지지 않으셨어요." 그녀는 말했다.

바로 그거라고, 나는 말했다. 펠트와 몇 시간 동안 함께하면서 과거에 있었던 많은 일을 물어봤다고 했다.

"지난번에 오셨을 때요?" 조안이 물었다.

"네."

"상관없어요. 아빠가 당신을 기억하시는 게 신기하죠. 아빠가 그 시기에 아시던 사람 중 기억하시는 분이 또 있나 모르겠네요."

"저를 기억하시는 이유가 있어요." 나는 말했다. 하지만 잠겨버린 그의 기억을 억지로 열 수는 없다.

"아빠가 당신에게 어떤 유대감을 느끼신다는 건 꽤 특별한 일이에요. 에드 밀러와 다른 FBI 사람들은 기억 못 하세요. J. 에드거 후버는 기억하세요." 그녀는 말했다.

'그래.' 나는 생각했다. '후버와 나구나.'

CHAPTER

16

The Secret Man

얼마나 더 많은 사실을 밝혀야 할지 궁금했다. 이제 펠트는 그 자신이 딥스로트임을 인정했지만, 취재원으로서의 마크와 그토록 오래 딥스로트가 아니라고 거세게 부정하던 사람 간의 부조화로 인해 나는 괴로웠다. 그가 부인하면 부인할수록 슬프게도 그의 심정이 더더욱 이해되었다. 궁지에 몰린 사람은─혹은 자신이 궁지에 몰렸다고 믿는 사람은─누구든 자신을 보호하고 자유롭게 하고자 무슨 말인들 할 터였다.

우리 모두 시간이 흐를수록 우리 인생 이야기 중 한 가지 버전에만 충실해진다. 그 버전에 대한 설명은 단순하고 반복된 일상에 의해 강화되고 우리는 보통 그 정체성을 고수하려 든다. 하지만 그 이야기는 전부터 알던 이야기다. 하지만 레이건에게 사면받은 후 그가 마주한 구체적인 딜레마는 무엇이었을까?

펠트의 사고방식과 동기에 대한 더 정확한 설명과 분명한 진술들을 파헤치지 않았다는 것에 나 자신과 모두에게 실망스럽고 조금은 화가 난다.

지크문트 프로이트의 전기를 쓴 피터 게이는 프로이트의 통찰력을 하나의 개념으로 축소하려고 시도했고 꽤나 근접하게 다가갔다. 게이는 성격이란 사실 개인의 다양한 충동을 해결하고자 하는 작용이 아니라 그 충동의 구조화라고 썼다. 달리 말해 어떤 사람의 덜 바람직한 충동, 욕망, 성향은 정복되지 못하는 경우가 많지만, 더 바람직한 충동에 지배를 받고자 하는 삶에 들어맞을 수는 있다는 것이다. 따라서 온통 모순인 것이다. 마크 펠트의 행동을 설명하거나 해결하거나 완전히 이해하고자 내가 어떤 시도를 하든 아마 실패할 것이다.

그와 동시에 정부 내에서의 FBI의 역할에 대한 J. 에드거 후버의 전반적인 관점에서 본다면, 펠트가 한 일에는 일관성이 있으며 고귀함도 있다. 이런 관점에서 보면 FBI는 법을 준수하는 시민을 보호하는 기둥이고 그 과정에서 FBI가 법에 얽매이지 않고 자체적인 결정에 따라야 했더라도 상관없지 않냐는 것이다. 은행강도, 폭력배, 조직 폭력배, 국내 테러리스트, 외국 첩보원, 한눈을 파는 시민권 지도자, 부패한 정치인 심지어 대통령마저 FBI의 적이었다. 하지만 FBI는 결국 그들 모두를 물리칠 수 있었다.

가장 중대한 도전장을 던진 건 FBI의 머리부터 장악하려 한 닉슨 행정부였다. 팻 그레이에 낙하산을 태워 국장으로 만든 것은 FBI에 대한 위협이었다. 따라서 FBI는 전쟁 중이었다. 이 전쟁은 닉슨과 그 추종자들을 상대로 한 전쟁이었다. 그래서 펠트는 지하 주차장으로 이동한 것이다. 워터게이트로 인한 날것 그대로의 분노를 그는 절대 표출하지 않았다. 범죄와 권력 남용은 배경 음악이었다. 닉슨은 법을 뒤엎으려고 했을 뿐만 아니라 FBI를 전복시키려고 했던 것이다. 그러므로 워터게이트는 펠트에게 FBI의 독립성을 재주장하고 그 패권을 되찾을 수단이 되었다. 나중에는 FBI도 심각한 상처를 입었으나, 닉슨은 어쩌면 모든 것—대통령직, 권력, 어떤 식으로든 그가 지녔을지 모를 도덕적 권위—을 잃었다. 그는 불명예를 안았다. 생존함으로써 그리고 숨어 사는 삶을 견딤으로써 그와는 대조적으로 또 자신만의 방식으로 마크 펠트가 이겼다.

2000년 10월에 또 다른 관점을 제공한 것은 레너드 가먼트였다. 워터게이트 건물 경비였던 프랭크 윌스는 주급 80달러를 받고 있었다. 그가 문에 테이프가 두 번 감겨 있는 것을 발견해 경찰에 신고한 것이 연쇄적으로 사건을 촉발해 결국 닉슨의 사임으로 이어졌다. 윌스는 불행한 삶을 살았고 몇 년 전에는 자신이 마땅한 보상을 받지 못했다고 쓸쓸해하며 불평했다. 그는 52세에 뇌종양으로 죽었다.

가먼트가 말하길 '워터게이트에서 일어난 가장 큰 사건'은 워싱턴포스트에서 우리가 사건을 보도하는 과정에서 사건의 틀을 잡도록 배후에서 개념을 제공한 딥스로트라고 했다. 프랭크 윌스와 딥스로트의 대조는 이보다 더 클 수 없다고 가먼트는 말했다. "프랭크 윌스는 어느 날 유명해져 영웅 대접을 받았으나 늘 그렇듯 사람들의 관심이 줄자 명성도 사라져갔다. 딥스로트는 그런 상황을 스스로에게 허락하기엔 너무나 세련되었다."

내 생각으론 세련됨이 아니었다. 두려움이었다. 가먼트가 추정하기에 딥스로트는 자신의 선택에 따라 스포트라이트를 완전히 벗어나 자신의 동기가 면밀하게 조사되거나 분석되는 일을 피해 자유로이 살았다는 것이었다. 명성이라는 총알을 딥스로트가 현명하게 피했다면서 삶의 질이야말로 그에게는 적절한 보상이었다고 가먼트는 생각했다.

나와 조안은 주기적으로 연락했다. 2004년 여름까지는 이메일도 주고받았다. 한번은 조안에게 우리 아버지를 방문한 일을 말했는데, 주 판사직을 은퇴하고 91세가 가까워진 아버지는 일리노이에 있는 양로원에서 지냈다. 우리 아버지는 많은 것을 기억하지 못하셨으나 삶에 만족하는 듯했다.

2004년 8월 4일 조안은 이렇게 이메일을 보냈다. "네, 저희 아빠도 행복하세요. 게다가 너무나 사랑이 많으세요!!!"

크리스마스가 다가올 때쯤 마크가 친구들에게 명절 인사를 한 편지가 왔다. 떨리는 필체로 흐릿하지만 읽을 수 있게 '마크'라고 되어 있는 서명은 이제 FBI 시절의 극적이고 권위적인 'F'가 아니었다. 마크가 실외에서 햇볕을 쬐며 간병인 볼라와 서 있는 사진도 있었다. 펠트의 얼굴에는 노인의 미소가 있었다. 이 사람이 바로 다른 여러 사람과 함께 대통령의 잘못을 입증하고 그를 이긴 사람이었다.

 나는 또다시 그간의 발자취(노트와 책 그리고 증언)와 이따금 예전 워터게이트 관련자와 함께했던 점심 식사를 되짚어 봤고, 가장 중요한 기억을 더듬어 봤다. 이제 마크는 내가 시도한 심문으로부터 심지어 스스로 행했을 자기 심문으로부터도 보호되고 있었다. 답을 결코 얻지 못할 의문점이 많이 있다. 베트남, 국내에 존재한다고 인식되던 위협, 법과 질서에 대한 도전, 대통령 선거와 온갖 격정, 월리스 총격, 후버의 사망, 예상치 못한 팻 그레이의 국장 임명, 워터게이트, 좌절당한 야심, 한 젊은 기자의 고집.

 워터게이트는 역사를 움직였고, 나를 비롯한 많은 이들에게는 결과를 동기와 연관시키려 하는 경향이 있다. 그렇게까지 하는 것은 어쩌면 불필요한 일일지 모른다. 펠트의 동기는 분명 복잡했고 완전한 설명은 불가능하다. 하지만

FBI에서 30년을 보낸 그는 한 가지 기본 원칙이 몸에 배었다. 진실은 밝혀지기 마련이라는 원칙. 그리고 그 원칙으로 볼 때 워터게이트와 닉슨의 종말은 정당하게 처리된 듯했다. 그거면 아마 충분할 것이다.

나는 이 책에서 전부 다 털어놓고 싶었다. 분명하게 아무 것도 감추지 않고. 나는 그리 동경할 만한 사람이 못 된다. 무작정 밀어붙였고 비밀이 많았으며 마크 펠트를 이용했다. 또한 동료 리처드 코헨에게 거짓말을 했다. 그러나 이 책에 쓴 내용이 워터게이트 사건에 해독제가 되었으면 했다. 그 이상하면서도 눈을 뗄 수 없던 시대가 내 인생에 너무나 중요한 역할을 했기에 나는 그 시대로 자꾸만 돌아가고 있었다.

역사상 우리가 이렇게 많이 알고 있는 시대도 없을 것이며 해부대에 올라 모든 게 분석되고 샅샅이 파헤쳐진 대통령도 없을 것이다. 여러 차례의 수사, 끝없는 회고록과 일기, 메모와 노트 등 이 정도로 재임기의 기록을 보유한 대통령은 아무도 없다. 증언과 재판과 수천 시간의 비밀 테이프 녹음 기록과 닉슨이 모두에게 말하는 내용, 모두가 닉슨에게 말하는 내용, 통화 중인 닉슨, 계속해서 이어지는 닉슨. 사실상 닉슨의 내부자들은 모두 결국 등을 돌렸다. 그

씁쓸함과 분노를 털어놓고, 닉슨이 법을 위반한 일과 대통령 권한을 남용한 일을 말하고 증언하고 책을 썼다. 사실 너무나 많아 전부 소화할 사람은 없을 것이다. 이 해부 작업은 그러나 이제 거의 완료된 듯하다.

그런 다음엔 물론 답이 없는 의문이 남는다. 그 의문은 더 많은 의문으로 이어지고 끝없는 원인 규명의 순환과 함께 나 같은 사람의 밥벌이가 된다. 우리는 그 동기에 대한 의문을 언제든 가질 수 있으며 그래야만 한다. 우리는 그 동기를 계속 파고들 것이다. 역사에 최종 원고란 없다.

동료 기자의 평가

칼 번스타인

전몰장병 추모일 다음 날이었던 2005년 5월 31일 화요일, 베니티페어 매거진에서 그날 아침 출고할 기사를 보내왔다. '내가 딥스로트라 불리던 사람이다.'라는 표제가 붙은 기사로 펠트 가족의 변호사인 존 오코너가 쓴 것이었다. 조안은 아버지를 설득해 자신이 우리 비밀 취재원이었다는 선언을 하게 했다. 그 기사에서 오코너는 펠트의 기억이 거의 사라졌다는 것을 인정했다.

나는 베니티페어 객원 에디터로서 이런 게 올 거라는 건 전혀 예상하지 못했다. 밥에게 전화해 보니 워싱턴에서 밥도 그 기사의 사본을 받았다고 했다.

우리는 비밀을 지키며 33년을 살았고 딥스로트의 신원을 알아냈다고 하는 주장들에도 익숙해져 있었다. 딥스로트 용의자였던 사람이 사망할 때마다—그런 용의자는 열 명도 넘었다—이번에 사망한 분이 그분이냐는 기자들의 전화를 받곤 했다. 용의자 목록은 워터게이트 관련 인사가 사망할 때마다 짧아졌다. 우리는 강경한 입장을 고수했다. 딥스로트가 사망할 때까지는 아예 코멘트하지 않겠다고.

  취재원의 기밀성을 보호해야 한다는 저널리즘의 원칙을 위반하지 않는 것이 중요했다. 베니티페어는 그의 말을 인용한 '내가 딥스로트라 불리던 사람이다.'라는 그 한마디 말고는 펠트가 딥스로트였다는 새로운 증거를 제시하지 않았다. 우리가 확인하지 않으면 비밀은 지켜질 것 같았다. 밥의 동의를 받고 나는 CNN에 이런 성명을 냈다. '계속 말해왔듯 딥스로트 본인이 사망했을 때만 우리는 그의 신원과 그와 거래한 상황과 맥락을 공개할 것이다. 그의 신원에 대해 그리고 최근 이런 상황에 대해 추정에 기반한 수많은 책과 기사가 나왔으나 우리는 비밀 취재원 모두를 지킬 의무가 있으며, 그들이 생존해 있는 동안에는 신원을 밝히지 않겠다고 그들에게 한 서약을 철회하지 않을 것임을 다시 한 번 알리고자 한다. 따라서 딥스로트 본인이 사망한다면 늘 약속해온 대로 그때는 우리가 그의 신원을 밝힐 것이다.'

  "좋네, 그런데 좀 길군." 밥은 말했다. 몇 분 뒤 어느 텔레비전 방송국에서 부시 대통령의 기자회견을 자르고 베니티 페어의 기사와 내 진술서에 대해 보도했다.

지금은 포스트 전반을 운영하는 부회장이 된 벤 브래들리가 신원 확인을 하고 싶어 안달이 났다고 밥은 내게 말했다. "받아냈구먼!" 브래들리는 지금도 한눈에 특종감을 알아봤다. 변호사와 가족이면 충분하지, 충분하고도 남지, 우리가 맺은 비밀 유지 계약에서 포스트가 해지되는 데는 충분하다고, 그는 이렇게 말했다고 했다.

마감날이 오기 전에 아니 심지어 받기도 전에 끝내는 성격인 밥이 딥스로트에 대한 원고를 이미 책 한 권 분량으로 써두었다는 걸 알고 있었다.

3월에 밥은 브래들리의 후임 레너드 다우니 주니어가 원고를 읽고 딥스로트의 신원에 대해 처음 듣는 일에 동의했다. 다우니는 아무에게도 말하지 않겠다 확언하면서도 워싱턴포스트에서 딥스로트 사망을 보도할 준비가 돼 있어야 한다고 고집했다. 밥은 부사장으로서 다우니에게 보고한다.

2005년 초에 딥스로트가 곧 사망하기에 이르렀다는 새로운 기사들이 나왔다. 다우니는 딥스로트 사망 보도 기사는 다른 기자가 쓰고 밥은 펠트와의 우정에 관해 쓰자는 것이었다.

 이제 베니티페어의 기사가 나왔기에 밥은 이 배경에 대해 내게 전부 말해주었다. 우리가 보도의 주도권을 잃어가고 있다는 점이 걱정됐다. 저널리즘의 기본 교리를 우리는 잊고 있었다. 기자는 자신이 보도를 통제한다고 믿을지 몰라도 보도가 항상 기자를 통제한다는 것 말이다.

 남은 오전 내내 언론사들의 전화가 걸려왔고 나도 결정이 내려질 곳인 워싱턴포스트에 가 있고 싶었다. 나는 공항으로 가면서 밥에게 전화했다. 그때는 이미 밥이 다우니에게 말한 뒤였고 다우니는 메릴랜드에서 수련회에 참여하고 있었는데, 그곳은 두 시간 거리에 있는 체서피크 만[††] 건너편이었다. 다우니는 완전한 보도를 명령하면서도 보도를 철회할 가능성도 있다는 입장을 고수했다.

 약 2:30P.M. 밥은 워싱턴 시내 노스웨스트 15번가의 워싱턴포스트에 갔다. 레너드는 방금 도착해 있었다. 두 사람은 다우니의 사무실에 들어가 문을 닫았다. 이곳은 30년 전에 브래들리와 밥과 내가 포스트의 다른 에디터들과 함께 워터게이트 보도를 두고 결정을 논의한 바로 그곳이었다. 지금은 사무용 가구와 실내장식이 그때보다 훨씬 좋아졌지

[††] 미국 메릴랜드 주와 버지니아 주 사이의 만

만 말이다.

"점점 더 확신이 드네. 이게 진짜라는 확신이." 레너드가 말했다. 그는 막 그 기사를 읽은 뒤였다. 오코너와 조안 펠트는 신뢰성이 확실했다. 밥은 이 문제로 그들을 여러 해 동안 만나왔다. 그들은 낙하산을 타고 내려온 게 아니었다. 그들은 펠트의 딸과 가족 변호사였다. 그 이상 무엇이 필요하단 말인가? "분명히, 분명히." 이 일은 우리 모두를 비밀 유지 서약으로부터 풀어주는 거라고 다우니는 말했다. "자네에게 어려운 일이란 건 이해하네." 그는 덧붙였다. "그런데 포기하기도 어려운 일이야." 그는 비밀에는 힘이 있다는 것, 그리고 밥과 내가 그 비밀을 통제하는 한 그 힘은 우리에게 있다는 것을 알았다.

밥은 뜻을 굽히지 않았다. 5년 전 캘리포니아에서 펠트를 만났을 때 한때의 FBI 2인자는 닉슨이 사임했던 상황도 기억하지 못했다. 이 가족 대리인들과 베니티페어가 우리 대신 결정하게 놔둬야 할까? 밥은 다우니에게 물었다.

"그들이 이미 했어, 밥, 이제 끝났어." 레너드는 말했다.

그렇다고, 이보다 더 나은 순간은 오지 않을 것이라고, 다우니는 말했다. 이건 기회라고도 했다. 펠트가 사망하고 나서 공개한다면 의심을 받을 거라고. 포스트 비평을 일삼는 사람들과 다른 언론에서는 이런 말을 할 가능성이 있다고. "얼마나 편리한가." 펠트가 자신의 역할을 부인하거나 확인할 수도 없을 테니, 논란이 끝이 없을 것이었다.

다우니는 베니티페어의 공개에 우리 확인이 뒷받침된다면 확실성이 부여될 것이고 심지어 문제를 '종결'시킬 수도 있다고 했다. 브래들리 및 포스트의 대표이사 돈 그레이엄과도 이미 상의한 상태였다. 그들은 레너드 의견에 동의했다.

이게 바로 진정한 보스였다. 결정을 이미 내리고 시간을 들여 부하 직원들을 끌어들이는. 우리가 완전한 합의를 이루기를 원했다. 에디터가 되기 전인 1960년대에 다우니는 탐사보도 기자였다. 그는 비밀 취재원의 중요성을 밥과 나만큼 잘 알았다.

"좋아요." 결국 밥은 말했다. 먼저 나와 이 문제를 상의하고 내 동의 여부를 확인해야 했다. 그런 뒤에 진행할 터였다.

밥은 복도 아래쪽에 있는 사무실로 가서 내게 전화했다. 나는 그 결정은 이미 우리 손을 떠났다고 했다. 이미 명백한 일이 되어버려서 우리는 코멘트를 거절하거나 확인할 유일한 당사자가 이제 아닐 수 있었다. 밥은 기차가 이미 역을 떠난 것인지 궁금해했다. "어쩌면 이미 떠났을 수 있어. 우리가 나쁜 놈이 될 순 없잖아." 나는 밥에게 말했다. 하지만 나는 그 확인이 포스트가 아니라 우리에게서 나왔으면 했고 그 생각에 밥은 동의했다.

   1972년 여름은 밥의 비밀 취재원에 대해 내가 처음 들었던 때다. 이때는 상무이사 하워드 사이먼스가 그를 딥스로트라 명명하기 전이었다. 밥은 해군 복무 시절에 알게 된 법무부의 오랜 친구라고 말했다.

   그 말은 내게 좋게 들렸다. 지난 여러 해 동안 법무부 건물에 있는 몇몇 사람들과 인맥을 텄는데 그때는 그 건물에 FBI도 들어와 있었다. 나에겐 다양한 부서에 소속된 취재원이 있었고, 판사 한두 명과 연방 수사국원들이 있었는데 지역 법원과 연방 법원 관련 보도에 도움이 되었다.

   밥과 내가 워터게이트를 보도하는 내내 그의 취재원은—밥은 '내 친구'라고 불렀다—특수 정보를 좌지우지하는 것 같았다. 문제는 그가 너무 쉽게 혹은 기꺼이 정보를 주지는 않으려 했다는 거였다. 그 친구에 대해 더 말해달라고 했을 때 밥은 그답지 않게 겁을 냈다. 처음에 밥은 그가 FBI에 있으며 국장 대리인 팻 그레이의 사무실 바로 바깥에 있다고만 했다. 모든 정보나 보고서나 파일이나 텔레그램이 그레이의 책상을 거치고 그 친구의 책상을 거친다고 밥은 말했다.

몇 개월 동안 나는 밥의 친구를 그레이로 가는 문을 지키는 젊은이 정도로 그렸다. 상사의 사무실 밖에 유리로 둘러싸여 있는 작은 칸막이 자리를 그렸다. 해군 인맥이라는 이유로 나는 밥과 그 친구가 동기였을 거라고 추측했다. 따라서 호리호리하고 말쑥하고 머리를 짧게 깎은 전형적인 FBI 타입, 버지니아 주 콴티코에서 FBI 아카데미를 막 졸업한, 그레이의 사무실로 흘러 들어가는 서류와 파일을 섞고 정리하는 그림이 머릿속에 그려졌다. 사환. 하지만 굉장한 관점을 보유한 사환.

1972년 가을 우리의 가장 중요한 기사들을 발간했을 때 그리고 백악관이 우리와 포스트에 대해 공공연히 공격의 수위를 올렸을 때 나는 밥에게 그 취재원 이름을 알아야겠다고 말했다. 밥은 그 취재원이 마크 펠트라고 했다. 그 이름보다 그가 FBI의 2인자라는 사실이 더 중요했다. 나는 감명을 받았다. 이는 우리 취재원이 중요한 맥락을 전부 제공해 줄 수 있다는 뜻이었다. 하지만 우리는 바빴고 더 많은 정보를 얻고자 고군분투하고 있었다. 중압감이 어마어마했고 더 큰 파장의 가능성을 논할 시간은 없었다.

〈모두가 대통령의 사람들〉에서 이야기한 것처럼 이 기간에 밥과 나는 종종 뉴스룸 층을 벗어나 자판기가 있는 작은 방에서 만나 커피를 마시곤 했다. 이 시간은 우리가 전략을 논의하는 시간이었다. 우리 단둘이, 맛도 없는 커피를 마시며, 우리는 각 보도에서 우리가 어디에 와 있는지에 대한 상황을 검토하고 에디터들에게 그날 어떤 유형의 발표를 할지 상의했다. 가끔 우리는 에디터들이 우리가 작업한 특정 기사의 가치를 알아보는 데 끔찍할 정도로 느리다고 생각했다. 커피를 마시는 동안 우리는 좋은 경찰/나쁜 경찰 방식으로 정교하게 계획을 짜 발표 연습을 하곤 했다. 나는 주로 나쁜 경찰이었다.

우리가 자판기 방에서 나눈 대화 중 〈모두가 대통령의 사람들〉에 의도적으로 넣지 않은 부분이 있다.

1972년 그 가을 우리는 닉슨 재선위원회가 현금으로 보유한 비밀 비자금이 있다는 것을 확인했다. 그 비자금은 워터게이트 침입 작전과 첩보 작전 및 방해 공작의 자금줄이었다. 더 높은 인물들이 관여했을 가능성도 있었고 그걸 밝힐 열쇠가 이 자금이었다. 재선위원회 회계 담당자 휴 슬로언과 회계 장부 담당자 주디 호백은 결국 존 미첼이 그 자금을 관리하던 다섯 명 중 하나라고 말했다. 딥스로트는 이를 확인했다. 닉슨의 전 법률 파트너이자 전 선거운동 관리자였고 전 법무장관이었던 미첼이 바로 궁극적인 꼭대기, 그분이었다. 그리고 우리는 그가 범죄자라는 기사를 쓰려 하고 있었다.

그 보도 내용과 그 안에 함축된 의미를 검토하는 동안 나는 커피 기계에 동전을 넣다가 말 그대로 목 뒤가 서늘해지는 경험을 했다. 생생한 감각이었고 예상치 못한 처음 느껴 보는 감각이었는데, 지금 떠올리면서도 몸이 떨릴 정도다.

"세상에." 밥에게 나는 말했다. 밥에게 등을 돌린 상태였던 나는 뒤로 돌았다. "이 대통령은 탄핵되겠어."

밥은 꼼짝도 않고 앉아 있었다. 그는 매우 이상한 표정으로 잠시 나를 응시했다. 하지만 회의적인 표정도 아니었고 내 말을 무시하는 느낌도 아니었다. 이따금 내가 말도 안 되는 소릴 할 때 나오던 그 표정이 아니었다.

"맙소사, 자네 말이 맞는 것 같아." 중서부 출신의 이 고리타분한 사내가 말했다.

그 생각이 그에게도 스쳤으리라는 건 미처 생각하지 못했다. 우리가 알기로 최고로 닉슨을 증오하던 사람도 탄핵 가능성은 제시하지 않았다. 그때는 워터게이트에 침입이 있고 불과 3개월 뒤였다. 의회가 탄핵안을 결의하기까지 아직

12개월이 남았고 닉슨이 사임하기까지 22개월이 남았었다. "이 뉴스룸에서 우리는 그 말을 절대 써서는 안 돼." 밥은 말했다.

무슨 말인지 알 것 같았다. 에디터들은 우리 보도가 선을 넘었다거나 심지어 우리 머리가 돌았다고 생각할 수도 있었다. 닉슨 대통령 임기의 미래를 어떤 식으로라도 제시한다면 우리의 작업과 공정성을 위한 포스트의 노력을 약화할 수 있었다.

우리가 이 이야기를 〈모두가 대통령의 사람들〉에서 하지 않은 이유는 그 책이 1974년 4월 하원 법사 위원회가 닉슨 대통령의 탄핵 수사를 한창 하던 중에 나왔기 때문이었다. 그 이야기를 그때 하면 우리의 목표가 줄곧 탄핵이었다는 인상을 줄 수도 있었다. 우리의 목표는 그게 아니었다. 우리 목표는 언제나 스토리에 대한 것이었다.

지난 수년 동안 밥과 나는 자판기 앞의 그 순간을 여러 번 되새겼다. 우리 두 사람이 전부 탄핵 가능성에 대한 같은 결론에 도달할 수 있었던 건 다양한 취재원이 있었기 때문이었다. 비서, 선거운동 회계담당자, 회계 장부 담당자, 변호사, 전직 닉슨 보좌관과 그 친구, 딥스로트. 그 취재원들의 중대성과 역할에 대해 사람들은 논할 것이며 마땅히 그래야 한다. 하지만 핵심은 되레 간단하다. 모든 취재원은 단일 취재원이 아니었다는 것, 이들이 모든 직급에서 직접 목격한 것을 말해주었기에 우리가 닉슨 대통령의 비밀을 뚫고 들어갈 수 있었다.

레이건 국내선 공항 터미널 셔틀버스 정류장에 도착한 나는 택시를 타고 포스트로 향했다. 뉴스룸은 으스스할 정도로 조용했는데 조금 뒤 그 이유를 깨달았다. 내가 있던 시절 포스트에서는 마감이 가까워지면 타자 치는 소리가 쉴새 없이 들려왔다. 지금은 컴퓨터 키보드를 클릭하는 은은한 소리만 있었다. 다우니가 반기며 안아주었고 다음엔 브래들리가 안아주었다. 밥과 나는 짧게만 포옹했다. 평생의 감정과 저널리즘의 감동이 이 순간 밀려왔다.

그래서 62세가 된 밥과 61세가 된 내가 몇 걸음을 걸어 뉴스룸으로 들어갔다. 그 소박하고 햇빛 잘 드는 방, 수년 동안 우리 인생의 무대였던 곳. 이 뉴스룸은 〈모두가 대통령의 사람들〉 영화에서 생생하고 정확하게 그려졌다. 애석함이 느껴졌다—무엇이 애석했는지는 확실히 몰랐다—하지만 또한 엄청난 안도감도 있었다.

지난 수십 년 동안 우리는 기자가 잘한 일이 있다면 그건 무조건 경영진을 무시할 때 이뤄진 일이라고 공공연히 말하고 다녔다. 이 말은 기자가 자신의 길을 정했으면 이따금 데스크를 상대로 밀어붙여야 할 때도 있다는 것이다. 그리고 필요하다면 기성 에디터의 지혜를 거역할 수도 있어야 한다는 뜻이었다. 무엇을 보도하든 기자는 내부 스토리를 찾아야 하고 끝까지 파헤쳐 가능하다면 회계 기록자와 딥스로트를 찾아야 한다는 뜻이었다. 동시에 우리가 막 일깨워준 것처럼 기자에게는 에디터가 필요하다. 마지막에는 우리가 협력자이고 데스크가 최종 결정을 내린다.

워터게이트 보도는 결국 파트너십에 관한 문제였다. 밥과 나의 파트너십, 브래들리와 우리의 파트너십, 딥스로트와 밥의 이상하고 불완전한 파트너십. 모두가 하나라는 결속감이 있었다. 오늘날 인터넷 블로거들과 텔레비전에서 카메라에 대놓고 말하는 사람들에겐 그게 없다. 안전망이 없다. 브레이크도 없다. 질문하고 의심하고 영감을 불어넣어 줄 사람이 전혀 없다. 에디터가 없다.

우리가 햇빛에 눈이 부신 뉴스룸 밖을 보니 포스트에 실을 기사를 쓰고 있는 에디터가 눈에 들어왔다. 이것이 우리의 진술이었다. "마크 펠트가 딥스로트였으며 우리가 워터게이트를 보도할 때 그는 헤아릴 수 없이 많은 도움을 주었다. 그러나 기록이 보여주듯이 다른 많은 취재원과 관료들도 워싱턴포스트에서 쓴 수백 가지 기사를 위해 우리를 비롯한 기자들을 지원해 주었다."

작가의 말

밥 우드워드

마크 펠트가 사망할 경우를 대비해 내가 써둔 비밀 원고에서 출판을 위해 이 책이 만들어진 10일이라는 격렬한 시간 동안 두 명의 동료가 나를 밤낮으로 도와주었다.

미국 법무부와 법무병과에서 법을 집행한 변호사 빌 머피 주니어. 뉴헤이븐레지스터에서 일한 전직 기자 빌은 엄청난 지력과 품위의 소유자다. 변호사와 저널리스트의 현명한 시각으로 이 스토리의 모든 부분을 독자적으로 평가해주었다. 그는 딥스로트의 신원이 밝혀지기 불과 5주 전에 나와 합류했다. 나는 이미 그를 신뢰할 수 있는 파트너로 여긴다.

크리스틴 파스모어는 2003년 오하이오 주립대학을 정치학과를 졸업했으며 피 게타 카파 회원이다. 지략이 있고 성숙하고 완강한 크리스틴은 그 무엇도 그 누구도 찾아낼 수 있다. 상대방을 무장 해제시키는 솔직함과 놀라운 창의력을 지닌 여성인 크리스틴은 2004년 5월에 함께 일하기 시작한 이래로 폭넓고 다양한 프로젝트에서 최고의 기술과 정확성으로 나를 지원해주고 있다. 그녀는 우리 보도 및 저술 팀 정회원이다.

감사의 말

밥 우드워드

〈시크릿맨〉은 삼십 년 넘는 보도의 산물이다. 사이먼 앤 슈스터와 워싱턴포스트는 내 경력의 전반에 든든한 지원군이 되어주었고, 내가 이 책을 쓰는 데 또다시 그들의 도움이 결정적이었다. 그들은 내게 시간을 주고 이 스토리를 추구할 독립성과 일할 여건을 주었다.

워터게이트는 칼 번스타인과 나의 이름을 영원히 합쳐 놓았다. 우리가 형성한 파트너십과 그의 우정에 언제까지나 감사할 것이다.

앨리스 메이휴는 사이먼 앤 슈스터에서 내가 쓴 모든 책을 담당한 믿음 가는 에디터였다. 마크 펠트가 딥스로트였다는 것을 칼과 내가 인정한 다음 날 앨리스는 워싱턴으로 비행기를 타고 날아와 이 스토리의 원고를 처음 읽었다. 그녀는 끊임없는 아이디어와 개선점을 제시하며 다시 한번 자신이 맡은 저자에 대한 지칠 줄 모르는 헌신을 보여주었다.

워터게이트와 여타의 격동기 내내 워싱턴포스트의 편집 담당 중역이었던 벤 브래들리는 칼과 나에게 그리고 우리 보도에 계속 신뢰를 보냈고 딥스로트 비밀을 30년 넘게 지켜주었다. 그는 이 스토리의 이른 초고를 읽고 가치를 헤아릴 수 없을 만큼 귀중한 제안을 해주었다. 내게 그는 비밀도 털어놓을 만큼 절친한 진정한 친구다.

레너드 다우니 주니어는 1991년에 브래들리의 뒤를 이어 포스트의 편집 담당 중역이 되었는데 이 이야기의 마지막에서 중요한 역할을 했다. 또한 포스트의 대표이사 돈 그레이엄과 발행인 보 존스에게도 많은 빚을 졌다. 그들은 전부 포스트가 최고의 언론사라는 평판을 얻고 유지해온 중대한 이유다.

포스트의 기업 담당 편집국장 보좌인 빌 해밀턴은 24시간 만에 불가능한 일을 해냈다. 이 스토리의 초고를 전부 가져가 딥스로트의 신원이 발표된 지 이틀 뒤 워싱턴포스트에서 발행할 수 있게 짧게 각색할 방법을 찾았다. 그의 노력은 감명 깊었으나 이제 그의 능력을 익히 아는 내게는 그리 놀랄 일도 아니다.

포스트의 사진 에디터 조 엘버트와 사진부의 멜리사 몰트비는 하루도 안 돼 예전 사진과 새로운 사진 파일들을 제공해주었고 그들에게 고마움을 전한다.

1976년에 딥스로트의 신원을 밝혀낸 스탠 포팅거는 이를 29년 동안 비밀로 지키며 믿어지지 않는 절제력을 보여주었다. 동경할 만한 그의 신중함에 감사한다.

로버트 바넷은 이십 년 동안 나의 변호사이자 좋은 친구였다. 이 책에 대한 그의 조언은—변호사로서 그리고 조기 독자로서—변함없이 정확했다. 그의 조언에 감사하고, 윌리엄스 앤 코놀리 로펌에 그의 파트너로 있는 톰 헨토프에게도 같은 이유로 감사한다.

〈부시는 전쟁중〉과 〈공격 시나리오〉를 검수한 프레드 체이스는 촉박한 통지에도 텍사스에서 워싱턴 D.C.로 날아와 이 원고를 검수해 주었다. 그는 훌륭히 일해주었고 그의 무수한 도움으로 최종 원고가 훨씬 좋아졌다.

두 딸 다이애나와 탈리는 내 삶의 중심이고 가장 큰 기쁨이며 내 삶에 유머를 더해준다. 나는 딸들이 자랑스럽고 딸들의 사랑과 지지에 아무리 감사해도 모자라다.

아내 엘사는 25년 동안 사실상 내 인생 모든 문제에서 나를 이끌어주고 조언해 주었는데, 딥스로트의 신원을 공개할 적절한 시기와 방법에 대해서도 예외는 아니었다. 그녀의 지혜와 인내심과 지지는 나의 버팀목이다.

로사 크리올로와 재키 크로우에게 다시 한번 감사한다. 작고한 노마 지아넬로니에게 영원한 사랑과 감사를 보낸다.

우리가 워터게이트를 보도할 때 제보해준 분들과 여러 해 동안 수많은 보도와 책을 위해 나와 동료 기자들에게 제보해 준 수많은 취재원에게 나는 항상 감사할 것이다. 이분들이 없이는 자유 언론이 그 핵심적이고 합헌적인 역할을 충실히 해낼 수 없다.

마지막으로 W. 마크 펠트에게 영원히 감사할 것이다. 때로는 줄다리기 같기도 했지만 그는 워터게이트 보도에 꼭 필요했던 지침과 정보와 이해를 제공하여 이 일을 완수했다.

워터게이트 사건의 딥스로트 이야기

시크릿 맨

1판 1쇄	2023년 7월 31일
ISBN	979-11-92667-32-4

저자	밥 우드워드
번역	채효정
편집	김효진
교정	황진규
디자인	우주상자
펴낸곳	마르코폴로
등록	제2021-000005호
주소	세종시 다솜1로9
이메일	laissez@gmail.com
페이스북	www.facebook.com/marco.polo.livre

책 값은 뒤표지에 있습니다. 잘못된 책은 교환하여 드립니다.

The Secret Man: The Story of Watergate's Deep Throat

마르코폴로